CB075510

O Guia Completo de Astrologia para Bruxas

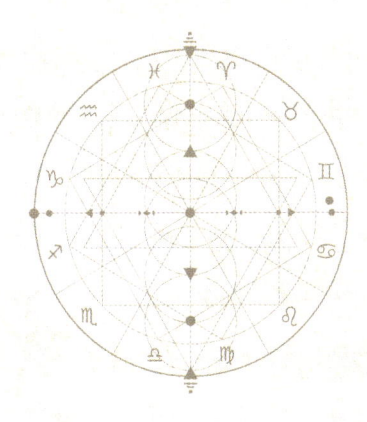

Título do original: *The Witch's Complete Guide to Astrology*.

Copyright © 2022 Quarto Publishing Group USA Inc.

Publicado pela primeira vez em 2022 por Chartwell Books, um selo da Quarto Group,

142 West 36th Street, 4th Floor
Nova York, NY 10018, USA

Fone (212) 779-4972 Fone (212) 779-6058

www.Quarto.com

Copyright da edição brasileira © 2023 Editora Pensamento-Cultrix Ltda.

1ª edição 2023.

Todos os direitos reservados. Nenhuma parte deste livro pode ser reproduzida de qualquer forma sem permissão dos proprietários dos direitos autorais. Todas as imagens deste livro foram reproduzidas com o conhecimento e consentimento dos artistas que as criaram e nenhuma responsabilidade é aceita pelo produtor, pela editora ou pela gráfica por qualquer violação do copyright ou qualquer outra, em decorrência do conteúdo desta publicação. Todos os esforços foram feitos para garantir que os créditos correspondam às informações apresentadas. Pedimos desculpas por qualquer incorreção que pode ter ocorrido e nos comprometemos a corrigir informações inexatas ou faltantes na próxima reimpressão do livro.

A Editora Pensamento não se responsabiliza por eventuais mudanças ocorridas nos endereços convencionais ou eletrônicos citados neste livro.

Créditos das imagens: Shutterstock

Nota da Tradutora: Todas as referências à Roda do Ano e as estações neste livro se referem ao Hemisfério Norte.

Impresso na China

Editor: Adilson Silva Ramachandra
Gerente editorial: Roseli de S. Ferraz
Gerente de produção editorial: Indiara Faria Kayo
Editoração eletrônica: Join Bureau
Revisão: Erika Alonso

Dados Internacionais de Catalogação na Publicação (CIP)
(Câmara Brasileira do Livro, SP, Brasil)

Wild, Elsie
   Guia completo de astrologia para bruxas: o poder dos astros para desbloquear todo o seu potencial mágico / Elsie Wild; tradução Denise de Carvalho Rocha. - São Paulo: Editora Pensamento, 2023.

   Título original: The witch's complete guide to astrology
   ISBN 978-85-315-2291-8

   1. Astrologia 2. Bruxaria 3. Magia I. Título.

23-152031   CDD-135.47

Índices para catálogo sistemático:
1. Astrologia: Ciências ocultas 135.47
Eliane de Freitas Leite - Bibliotecária - CRB 8/8415

Direitos de tradução para o Brasil adquiridos com exclusividade pela EDITORA PENSAMENTO-CULTRIX LTDA., que se reserva a propriedade literária desta tradução.

Rua Dr. Mário Vicente, 368 - 04270-000 - São Paulo - SP -
Fone: (11) 2066-9000
http://www.editorapensamento.com.br
E-mail: atendimento@editorapensamento.com.br
Foi feito o depósito legal.

O Guia Completo de Astrologia para Bruxas

O Poder dos Astros para Desbloquear
Todo o seu Potencial Mágico

– Com Dezenas de Rituais, Feitiços e Técnicas de Manifestação
Através dos Signos do Zodíaco –

Elsie Wild

Tradução
Denise de Carvalho Rocha

Editora
Pensamento
SÃO PAULO

SUMÁRIO

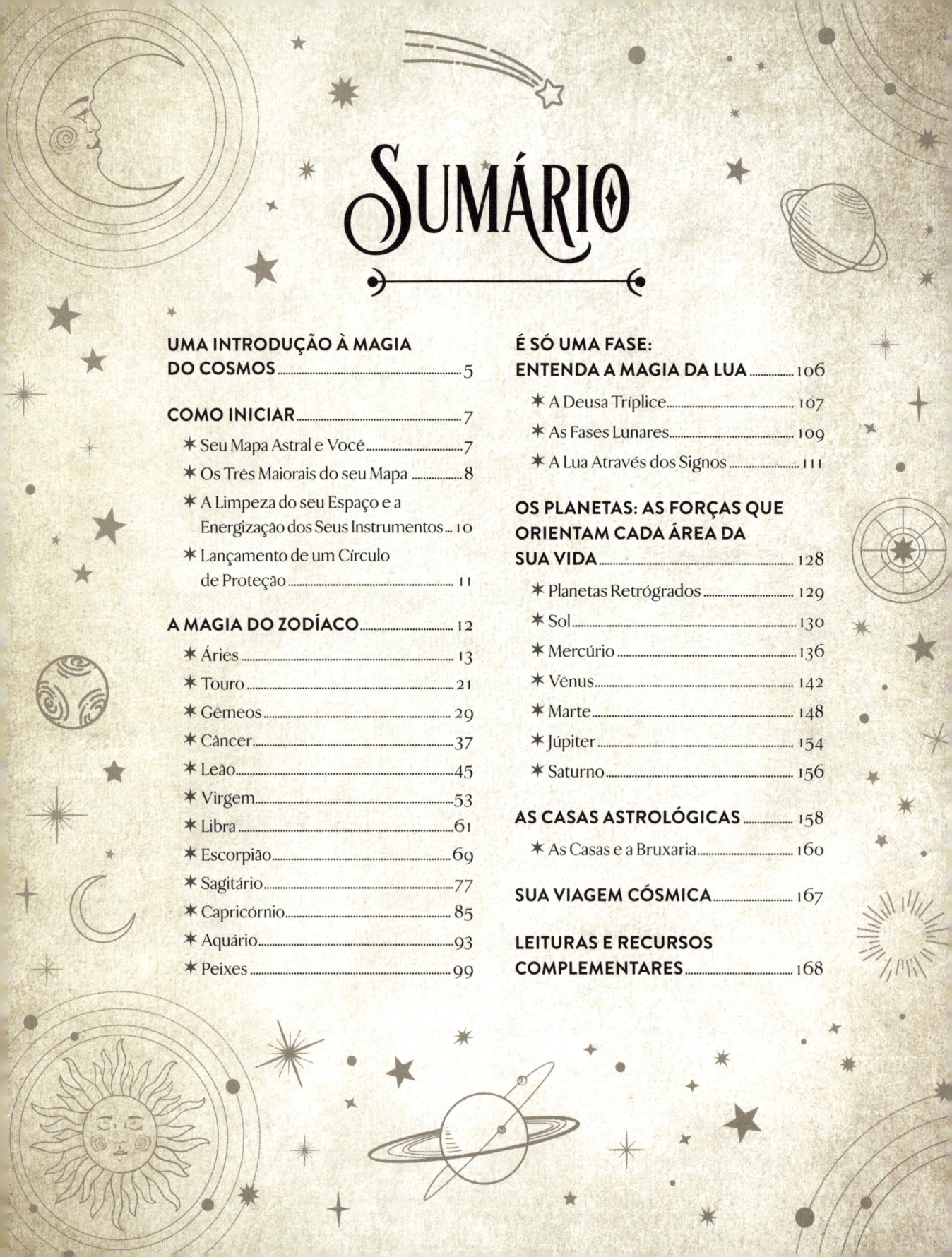

UMA INTRODUÇÃO À MAGIA DO COSMOS 5

COMO INICIAR 7
- Seu Mapa Astral e Você 7
- Os Três Maiorais do seu Mapa 8
- A Limpeza do seu Espaço e a Energização dos Seus Instrumentos 10
- Lançamento de um Círculo de Proteção 11

A MAGIA DO ZODÍACO 12
- Áries 13
- Touro 21
- Gêmeos 29
- Câncer 37
- Leão 45
- Virgem 53
- Libra 61
- Escorpião 69
- Sagitário 77
- Capricórnio 85
- Aquário 93
- Peixes 99

É SÓ UMA FASE: ENTENDA A MAGIA DA LUA 106
- A Deusa Tríplice 107
- As Fases Lunares 109
- A Lua Através dos Signos 111

OS PLANETAS: AS FORÇAS QUE ORIENTAM CADA ÁREA DA SUA VIDA 128
- Planetas Retrógrados 129
- Sol 130
- Mercúrio 136
- Vênus 142
- Marte 148
- Júpiter 154
- Saturno 156

AS CASAS ASTROLÓGICAS 158
- As Casas e a Bruxaria 160

SUA VIAGEM CÓSMICA 167

LEITURAS E RECURSOS COMPLEMENTARES 168

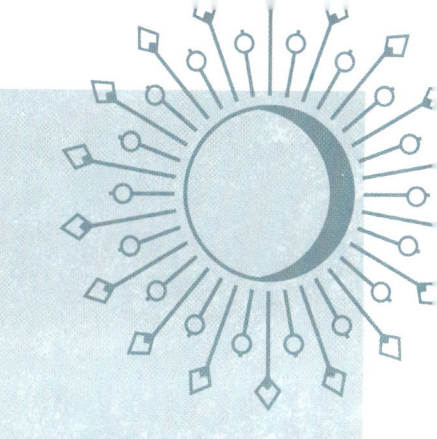

Uma Introdução à Magia do Cosmos

A natureza desempenha um papel importante em nossa vida, desde a grama sob os nossos pés até as estrelas suspensas sobre a nossa cabeça. Mas essas estrelas, esses planetas e até a Lua podem ajudar a moldar nosso destino enquanto avançamos em meio aos desafios deste mundo.

Essa é a magia da Astrologia.

A Astrologia é o estudo da posição das estrelas, dos planetas e de outros corpos celestes, e da influência desses astros sobre o mundo natural. A humanidade estuda o Cosmos há séculos, desde a antiga Babilônia de 300 a.C. Embora fosse utilizada originalmente para prever o clima e o ciclo da colheita, a Astrologia se expandiu, se desenvolveu e se espalhou pelo mundo, à medida que os seres humanos buscavam significado nas estrelas.

Hoje, a Astrologia é usada para ajudar a prever acontecimentos futuros, mas também como um instrumento para aprendermos mais sobre nós mesmas e sobre como acessar a nossa magia interior.

Não importa qual seja a sua conexão com a magia ou o seu nível de prática, a Astrologia pode ajudar você a desenvolver uma nova e profunda conexão com o seu ofício e a sua magia interior - seja celebrando a Roda do Ano, compreendendo a magia da mudança das estações ou apenas conhecendo a importância da Lua na prática mágica. São as estrelas que norteiam o ofício das bruxas e o estudo da linguagem do Cosmos pode nos ajudar a ampliar a nossa compreensão da nossa jornada espiritual.

A Astrologia e a Bruxaria nem sempre andam de mãos dadas. Nem todas as bruxas usam a Astrologia em seu ofício, assim como nem todos as astrólogas se autointitulam bruxas ou praticam Bruxaria. No entanto, a Astrologia e a Wicca se sobrepõem. Ambas conferem um papel especial à Lua e à sua influência sobre a Terra, ambas usam uma roda para ajudar a identificar as estações e celebrar as mudanças causadas por essas estações, e ambas entendem a importância que o tempo tem em nossa vida. Ao aprender a linguagem do Cosmos, podemos encontrar as melhores maneiras de aproveitar o poder dos planetas no nosso próprio ofício, bem como o melhor modo de desbloquear a magia que existe dentro de nós.

Seja você é alguém que acompanha diariamente o seu horóscopo ou que mal compreende o que significa o seu signo solar, este livro pode ser seu guia para você começar a entender a influência que os planetas têm sobre a sua vida. Com ele, você saberá usar os astros para o seu bem maior, com base no conhecimento dos seus signos solar, lunar e ascendente, e aprenderá feitiços e rituais projetados especialmente para cada signo. Você descobrirá quais são os melhores feitiços para lançar durante a Lua cheia e, finalmente, entenderá o que é um planeta retrógrado (e por que ele é considerado tão assustador). Embora este livro não vá lhe ensinar tudo o que existe sobre Astrologia, espero que ele lhe propicie melhor entendimento da magia das estrelas e de como essa magia influencia a sua vida.

Agora, que se inicie a sua jornada!

1
Como Iniciar

Talvez você já saiba qual é o seu signo solar (aquilo que você responde quando alguém lhe pergunta qual é o seu signo), mas você pode se surpreender quando souber que vários signos compõem quem você é como pessoa. Isso é conhecido como mapa natal ou mapa de nascimento, um gráfico que contém informações importantes sobre o que faz de você a bruxa que você é hoje.

Seu Mapa Astral e Você

O mapa astral é um retrato da posição dos planetas no momento em que você nasceu. Embora saber qual é o seu signo solar possa ajudá-la a entender uma parte da sua personalidade, o conhecimento sobre todo o seu mapa astral pode ser a chave para você descobrir várias facetas do seu próprio ser: seu passado, seu presente e seu futuro. Isso é verdade principalmente se você nunca se identificou totalmente com o seu signo solar.

É recomendável que tenha o seu mapa natal na mão durante a leitura deste livro, pois você vai aprender sobre todos os signos do zodíaco e entender como cada casa astrológica influencia a sua vida. Felizmente, não é difícil conseguir o seu mapa astral.

Como calcular o seu mapa astral

Graças à tecnologia de hoje, e à atual popularidade que ganhou a Astrologia, é muito simples obter um mapa astral. Existem muitos *sites* e aplicativos gratuitos que podem gerar um mapa astral em questão de segundos (consulte a p. 168). Tudo de que você precisa é:

* A data exata em que você nasceu
* A hora exata em que você nasceu
* O local do seu nascimento

A precisão é fundamental aqui, principalmente com relação à hora do seu nascimento. Um erro de meros trinta minutos no horário do seu nascimento pode mudar radicalmente o seu mapa astral. Portanto, certifique-se de pesquisar a data, a hora e o local na sua certidão de nascimento.

E se você não sabe o horário do seu nascimento?

Mesmo que você não tenha acesso à sua certidão de nascimento ou ao horário exato do seu nascimento, você ainda assim pode calcular o seu mapa astral, embora ele possa não ser tão preciso, principalmente com relação ao seu signo ascendente e às casas astrológicas. Você pode tentar perguntar aos seus pais a hora em que você nasceu para obter pistas: talvez eles se lembrem se você nasceu no início da noite, na hora do almoço ou se, ao menos, foi na parte da manhã ou da tarde. Se você não tem como saber, coloque simplesmente "meio-dia" no campo do horário do seu gerador de mapas, mas lembre-se de que pode não obter um mapa preciso.

Os três maiorais do seu mapa

Embora todos os elementos do seu mapa tenham um determinado propósito, existem três signos aos quais você deve prestar especial atenção quando calcular o seu mapa: o signo solar, o signo lunar e o signo ascendente. Esses são os "três maiorais do seu mapa", pois são eles que exercem as maiores influências sobre a sua vida, por representar grande parte da sua personalidade, das suas emoções e do modo como as pessoas a veem.

Signo solar: seu eu mais íntimo

Você provavelmente já sabe que signo é esse, pois é o mais fácil de reconhecer no seu mapa. Como o Sol fica aproximadamente trinta dias em cada signo, o signo solar é calculado com base no dia em que você nasceu. O seu signo solar representa quem você é no seu eu mais íntimo, o tipo de pessoa que você está destinada a ser. Ele mostra como você se expressa, o propósito da sua vida e os traços básicos da sua personalidade. O Sol irradia sua luz sobre a pessoa que você nasceu para ser.

Signo lunar: seu eu emocional

O signo lunar representa o seu eu emocional, o modo como você sente as coisas e processa as suas emoções. É a sua intuição, os seus instintos, e pode revelar onde você encontra conforto e segurança. Representação do nosso humor, em constante mudança, a Lua passa dois dias e meio em cada signo do zodíaco. Como ela desempenha um papel importantíssimo na Wicca, pode-se dizer que o signo lunar é a morada da sua bruxa interior. Basicamente, o signo lunar representa como você pode cuidar melhor de si mesma e aproveitar ao máximo o seu poder interior.

Signo ascendente: a percepção que os outros têm de você

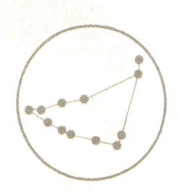

O Ascendente é um dos posicionamentos mais importantes do seu mapa astral. Ele é um pouco mais difícil de calcular porque é preciso saber que signo astrológico estava ascendendo no horizonte no momento exato do seu nascimento. Portanto, se você não sabe a hora em que nasceu, não poderá calcular o seu Ascendente, que representa como as outras pessoas a veem e a impressão que você passa para o mundo. Ele também reflete o que motiva as suas ações e o que leva a fazer o que faz.

Como a Lua e o signo ascendente passam mais rápido através dos signos que os outros planetas, eles podem ser bem diferentes do signo solar ou de outros elementos do seu mapa. Isso explica por que você pode agir e sentir de modo tão diferente do que é típico do seu signo solar. Recomendo que você mantenha esses três signos astrológicos em mente enquanto lê este livro.

A limpeza do seu espaço e a energização dos seus instrumentos

Ao longo deste livro, você vai encontrar muitos feitiços, rituais e técnicas que a ajudarão nas suas práticas de magia. Porém, antes de começar a usá-los, certifique-se de limpar o espaço onde vai praticar a sua magia e os instrumentos que usará, para garantir que seus trabalhos tenham mais chances de ser bem-sucedidos. Você não faz um telefonema sabendo que seu celular só tem um por cento de bateria, nem convida ninguém para ir à sua casa quando ela precisa de uma boa faxina, não é? Então por que faria o mesmo com a magia?

Antes de iniciar a sua prática, vejamos alguns rituais básicos de limpeza e energização.

Limpeza

A limpeza é o ato de banir energias negativas do seu espaço, dos seus instrumentos (cristais, ervas, velas, recipientes etc) e até de você mesma, antes de começar a prática mágica. Para que seus feitiços demonstrem o máximo de eficiência, eles precisam ser lançados num ambiente limpo. Dessa maneira, nenhuma influência negativa poderá atrapalhar o sucesso da sua magia. É importante que você limpe o espaço antes e depois de lançar o feitiço, principalmente se ele exigir um ritual muito intenso. Veja a seguir alguns métodos de limpeza:

* Tome um banho de chuveiro antes de lançar o feitiço.
* Use uma vassoura para "varrer" toda a energia negativa.
* Deixe um recipiente com sal próximo ao local do feitiço para dispersar a energia negativa.
* Borrife água de rosas no espaço para proteção e amor incondicional.

Energização

A energização é o ato de irradiar energia intencional nos seus instrumentos, feitiços e rituais, para lhes conferir mais poder. Pense que você está potencializando a energia vibracional deles assim como carrega o seu celular. O ideal é que você energize seus instrumentos logo antes de começar a sua prática mágica ou utilize métodos de energização enquanto estiver lançando os feitiços, para que eles ganhem uma carga extra de energia. Veja a seguir alguns destes métodos:

* Deixe seus instrumentos na janela numa noite de Lua cheia.
* Visualize-se irradiando energia nos instrumentos que está utilizando.
* Dance, cante ou simplesmente movimente seu corpo para gerar energia positiva.

Lançamento de um Círculo de Proteção

Antes de lançar um feitiço ou realizar um ritual, você deve primeiro lançar um círculo de proteção em volta de si mesma. O lançamento de feitiços é um ato sagrado entre você e a magia ao seu redor, e você precisa se proteger principalmente de energias externas e indesejáveis, e da influência de espíritos. Preservando os seus limites, você dá ao seu feitiço melhores chances de se manifestar e também garante a sua segurança pessoal. Existem muitas maneiras de se lançar um círculo, entre elas:

✴ Feche os olhos e visualize um círculo de luz brilhante cercando você e seu espaço, até sentir as vibrações dessa luz no interior do círculo. Em seguida, abra os olhos e comece seu trabalho mágico. Quando acabar, feche outra vez os olhos e visualize a luz se desvanecendo até desparecer.

✴ Faça um círculo de sal grosso em torno da sua área de trabalho. (Só não se esqueça de retirá-lo com um aspirador depois que tiver acabado!)

✴ Acenda quatro velas diferentes (de preferência uma branca, uma vermelha, uma azul e uma verde) e coloque-as nas quatro direções do cômodo em que você estiver trabalhando: a vela branca no Leste, a vela vermelha no Sul, a vela azul no Oeste e a vela verde no Norte.

Quando lançar o seu círculo, lembre-se de invocar cada um dos quatro elementos, convidando-os para entrar no seu espaço.

Primeiro, volte-se para o Leste e diga: "Elemento Ar, eu o invoco para que me conceda o poder de me comunicar com o divino à minha volta".

Depois, volte-se para o Sul e diga: "Elemento Fogo, eu o invoco para que me conceda o poder de criar o que eu desejo".

Depois, volte-se para o Oeste e diga: "Elemento Água, eu o invoco para que me conceda conexão emocional para me sustentar".

Por fim, volte-se para o Norte e diga: "Elemento Terra, eu o invoco para que me dê estabilidade para ficar ancorada neste momento".

Depois de invocar os quatro elementos, você pode começar a lançar seus feitiços.

✵ Alerta de Segurança ✵

Este livro sugere o uso de velas, ervas e óleos essenciais nas suas práticas mágicas. Por favor, tenha cuidado ao usar velas e certifique-se de manter suas práticas seguras quando estiver perto do fogo. Não consuma nenhuma erva ou chá se tiver alergias ou não souber os efeitos que a erva pode ter sobre você. Cuide-se, bruxa!

2
A Magia do Zodíaco

Diga aí, bruxa, qual é o seu signo?

Mesmo que você tenha um conhecimento mínimo do que seja a Astrologia, provavelmente sabe qual é o seu signo solar. No entanto, só o fato de saber que você é "pisciana" ou "virginiana" não é suficiente para você conhecer todos os aspectos da sua personalidade ou saber o que é a Astrologia em geral.

A roda do zodíaco é formada por 12 signos astrológicos. Na Astrologia ocidental, essa roda forma um calendário no qual o Sol percorre um signo a cada 30 dias, representando a mudança das estações de maneira semelhante à Roda do Ano wiccana. Assim como a Roda do Ano das bruxas, o calendário astrológico começa com o Equinócio da Primavera. Ao aprender mais sobre a Astrologia, você vai começar a entender o mundo ao seu redor: como as mudanças astrológicas podem afetar a sua magia, que tipo de feitiços fazer em determinados momentos e os benefícios e desafios que cada signo representa.

O conhecimento sobre seus signos solar, lunar e ascendente também a ajudará a entender melhor sua própria magia pessoal. As páginas a seguir oferecem uma visão geral de cada signo do zodíaco e como você pode incorporá-los à sua própria prática mágica. Quais cristais podem beneficiar você e sua magia? Quais ervas podem lhe trazer conforto? E por qual magia você sente mais atração? Aprender mais sobre as estrelas que regeram o seu nascimento pode ajudar a nortear a sua jornada mágica.

Áries

CORAJOSO   PASSIONAL   INDEPENDENTE

PERÍODO: 21 de março a 19 de abril
GLIFO: ♈
SÍMBOLO: Carneiro
ELEMENTO: Fogo
MODALIDADE: Cardinal
PLANETA: Marte
CASA: 1
PARTES DO CORPO: Cabeça e rosto
CORES: Vermelho, laranja-queimado, amarelo
RODA DO ANO: Ostara (Equinócio de Primavera/Vernal)

Ousado, impetuoso e destemido, Áries inicia a Roda do Ano e o Ano Novo Astrológico abrindo caminho pela vida com uma paixão ardente e uma atitude independente. Como um signo cardeal, ele está sempre tentando começar alguma coisa: desde um incêndio até uma briga. Regido por Marte, Áries está pronto para a batalha, mesmo que o adversário seja ele mesmo. No entanto, não deixe que essa personalidade temperamental e, às vezes, imprudente a engane; depois de passar por todo aquele fogo, é possível detectar um jeito sensível, quase infantil no Carneiro que o torna muito fácil de amar. Ele sente tudo com tanta intensidade que até uma pequena alegria o deixa entusiasmado. É por isso que ele fica tão furioso com qualquer pequeno inconveniente. Contudo, é essa intensidade que torna Áries tão mágico.

O período de Áries começa em Ostara, o festival wiccano que celebra o Equinócio Vernal ou da Primavera. Ostara recebeu o nome da deusa germânica da primavera e celebra a harmonia, a fertilidade e o renascimento.

O Equinócio da Primavera é a primeira das duas épocas do ano em que o dia e a noite têm o mesmo número de horas. Depois dessa ocasião, os dias vão ficando um pouco mais quentes. Áries traz o calor para forjar novas criações.

Áries no mapa astrológico

Se Áries é um dos seus três maiorais, isso pode afetar sua prática mágica e espiritual de maneiras únicas: você pode desde descobrir que a sua magia dá mais resultado no início da primavera até ter fortes sentimentos com relação ao fogo (fascínio ou medo). Veja como a magia de Áries se mostra no seu mapa natal.

Sol em Áries

O propósito de um Sol em Áries é provar seu próprio valor por meio de atos corajosos. A maioria das pessoas pensa que os arianos são aventureiros, que se atiram em situações perigosas sem rede de segurança. Embora isso possa ser verdade para alguns arianos, outros sóis em Áries estão em busca de suas próprias glórias pessoais, seja rompendo ciclos geracionais tóxicos, sendo o primeiro da família a ir para a faculdade ou a obter sucesso profissional. Eles são levados a buscar horizontes mais amplos, muitas vezes assumindo a liderança para que outros os sigam.

Embora sua personalidade combativa, sua natureza brusca e seu temperamento esquentado possam incendiar alguns ambientes, os sóis em Áries brilham quando usam seus dons naturais (entusiasmo, confiança, otimismo e honestidade) para mudar o mundo.

Se você é um Sol em Áries, a lição da sua prática espiritual é que nem toda interação é um duelo que precisa ser vencido. Sua vitória pode ser a paz (portanto, pare de fazer dos feitiços a sua munição).

Lua em Áries

Há um fogo ardendo no coração de cada Lua em Áries. O calor da sua chama interior a aquece quando o mundo parece frio e a motiva quando tudo parece perdido. Abençoadas com uma grande dose de paixão, entusiasmo e coragem, as Luas em Áries precisam assumir novos e emocionantes desafios para se sentirem vivas. Sua zona de conforto está à beira de um precipício, quando entram em ação, pois as Luas em Áries têm melhor desempenho quando as apostas são altas. É a emoção da perseguição que as mantém em movimento. E só se sentem seguras quando têm liberdade absoluta e uma vida livre das restrições e interferências das figuras de autoridade. Elas precisam viver sua liberdade com ardor, do contrário podem incendiar o mundo ou, pior, extinguir a si mesmas.

Na melhor das hipóteses, a bruxa com a Lua em Áries é independente em seu ofício, otimista com o que pode alcançar e detentora de uma chama interior que arde intensamente. Na pior das hipóteses, sua magia é impulsiva, ela tem dificuldade para esperar que seus feitiços se manifestem e sempre tende a se exceder em tudo o que faz.

Ascendente em Áries

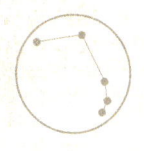

É possível identificar um Ascendente em Áries com facilidade, pois sua aura incandescente a torna alguém difícil de ignorar. Ele está constantemente ocupado e salta de um projeto para o outro, enquanto todos se perguntam onde ele encontra tanto tempo, energia e coragem. Mas é assim que um Ascendente em Áries gosta de viver. Ele não tem paciência para ficar apenas se preocupando ou fazendo conjecturas. Precisa buscar a glória a todo custo. Se sair vitorioso, a luta terá tornado o triunfo ainda mais satisfatório. Se for derrotado, já começará a se preparar para o segundo *round*.

O Ascendente em Áries é como um fósforo: ele pode ser uma luz que ilumina a escuridão ou pode consumir tudo com uma chama destrutiva, tudo depende do que o impulsiona no momento. Sua natureza independente e direta faz que o Ascendente em Áries à primeira vista pareça estar procurando briga e uma lista crescente de inimigos. No entanto, quando você o conhece a fundo, percebe que ele é entusiasmado, corajoso e caloroso. Uma bruxa com Ascendente em Áries pode ser atraída pelo fogo mágico, lançar feitiços ousados (especialmente criando seus próprios feitiços no local) e ser uma praticante solitária, se não puder liderar seu próprio coven.

Áries e a Magia

As bruxas com posicionamentos em Áries podem manifestar sua magia de maneiras únicas: desde iniciar feitiços importantes na primavera até usar sua paixão ardente para dar um impulso extra nos seus feitiços e rituais. Se você deseja adicionar um pouco de si mesma ou da sua energia ao seu ofício, use estes cristais, estas ervas e áreas da magia para dar mais impulso aos seus trabalhos mágicos.

Cristais para Áries

HELIOTRÓPIO: Pedra natal de Áries, o heliotrópio confere grande força física e ajuda a acalmar os medos. Os guerreiros usavam essas pedras nos braços para curar feridas e para fazê-los se sentir fortes e corajosos. Mantenha esta pedra perto de você quando estiver se sentindo mal, para manter seus níveis de energia e curá-la.

CORNALINA: Por ser a pedra da coragem, a cornalina irradia uma energia ousada que fortalece a bruxa e traz muita alegria e entusiasmo em qualquer tarefa que ela esteja realizando. A cornalina traz inspiração e proteção, o que é perfeito para líderes. Use um colar de cornalina se for assumir um papel de liderança ou precisar de uma dose extra de coragem para falar em público.

JASPE VERMELHO: Por ser a pedra da resistência, o jaspe vermelho pode ajudar a bruxa em sua jornada pela vida, dando-lhe força para fazer o bem, mesmo em ocasiões adversas. O uso do jaspe vermelho pode trazer uma dose extra de energia, paixão e alegria. Esta pedra motivadora também pode ser deixada debaixo do travesseiro à noite. Ao acordar, você se sentirá mais energizada e pronta para começar o dia.

Ervas para Áries

PIMENTA-CAIENA: Assim como Áries, a pimenta-caiena é quente, picante e, às vezes, difícil de manusear. Esta pimenta pode ser transformada num pó fino, que é usado na alimentação. Embora a pimenta-caiena possa dar um sabor especial a qualquer prato, as bruxas com posicionamentos em Áries vão adorar suas propriedades mágicas: conferir proteção, força, motivação e coragem. Adicione um pouco de pimenta-caiena à sua refeição para remover quaisquer obstáculos que a impeçam de alcançar o que deseja.

GENGIBRE: Esta erva quente e estimulante tem sido usada há séculos por seu sabor, benefícios terapêuticos e propriedades mágicas. Embora as bruxas com posicionamentos em Áries geralmente busquem a cafeína, elas devem beber chá de gengibre se quiserem ter mais energia. O gengibre também traz confiança, equilíbrio emocional, clareza e cura (perfeito para os arianos propensos a acidentes).

MILEFÓLIO: Uma planta perene muito resistente, o milefólio pode ser encontrado em quase qualquer lugar onde haja sol; e o mesmo poderia se dizer de Áries. Na linguagem vitoriana das flores, o milefólio representava tanto a guerra quanto a cura, e dizia-se que era usado para curar guerreiros no campo de batalha. Coloque folhas dessa planta num sachê para atrair coragem, habilidades psíquicas e amor.

Melhores tipos de feitiço e de magia para Áries

Adivinhação, fortalecimento das habilidades psíquicas, banimento do azar, encontro de itens perdidos, rituais e leitura de vidas passadas, feitiços para cortar amarras energéticas, magia da água, feitiços de cura

UM FEITIÇO PARA ÁRIES

A raiva é algo que os posicionamentos em Áries conhecem muito bem, o que pode ser algo positivo ou negativo. Existem muitos feitiços para combater a raiva, mas, como qualquer posicionamento em Áries sabe, a raiva nem sempre é uma coisa ruim. Na verdade, pode ser a energia e o impulso necessários para alcançarmos grandes coisas. Este feitiço ajudará a transformar sua raiva no fogo que impulsiona você para a frente, não no fogo que o consome.

MATERIAIS

- Castiçal vermelho
- Isqueiro
- Alguns pedaços de papel
- Caneta com tinta vermelha
- Recipiente à prova de fogo
- Envelope

Opcional:
- Apagador de velas

1 Coloque a vela no castiçal e acenda-a.

2 Observando a chama da vela, pense no que está deixando você com raiva. Qual a situação ou pessoa que está causando a sua raiva?

3 Num pedaço de papel, escreva sobre o que está motivando a sua ira. Seja fazendo uma lista dos seus desafetos, desabafando sobre a situação em que você está ou mesmo rabiscando e desenhando com raiva, deixe tudo sair de você!

4 Quando terminar, dobre o papel ao meio. Posicione-o sobre a vela e queime um canto do papel enquanto diz: "Das cinzas às cinzas, do pó ao pó, eu alimento a chama do meu fogo interior com uma raiva justificada. Em breve meus inimigos vão sentir meu ardor".

5 Coloque o papel no recipiente à prova de fogo e observe-o queimar. Enquanto mantém um olhar atento ao fogo, pegue outro pedaço de papel e escreva tudo o que deseja alcançar impulsionada por essa raiva. Talvez você esteja enfrentando um obstáculo ou alguém tenha lhe dito que você não é capaz de conseguir alguma coisa. Escreva sobre sua vitória como se ela já tivesse acontecido.

6 Quando o papel estiver totalmente queimado, pegue o apagador de velas, se tiver um. Fique na frente da vela e diga: "Obrigada pela chama que iluminou minhas ambições. Agora vou iluminar meu próprio caminho. Que assim seja", e apague a vela.

7 Coloque o segundo pedaço de papel no envelope. Quando a vela esfriar, tire-a do suporte e segure-a lateralmente sobre o envelope. Com a outra mão, segure o isqueiro.

8 Use o isqueiro para acender a extremidade inferior da vela, aquecendo-a para que a cera da vela pingue no envelope onde você normalmente o fecharia. Enquanto a cera pinga, diga "Com a minha raiva, eu selo a minha fé. Serei vitoriosa em meus esforços para mudar a minha vida para melhor. Que assim seja".

9 Coloque a vela num local seguro para esfriar. Deixe o envelope lacrado em seu altar ou carregue-o com você para ajudá-la em seu caminho rumo à vitória.

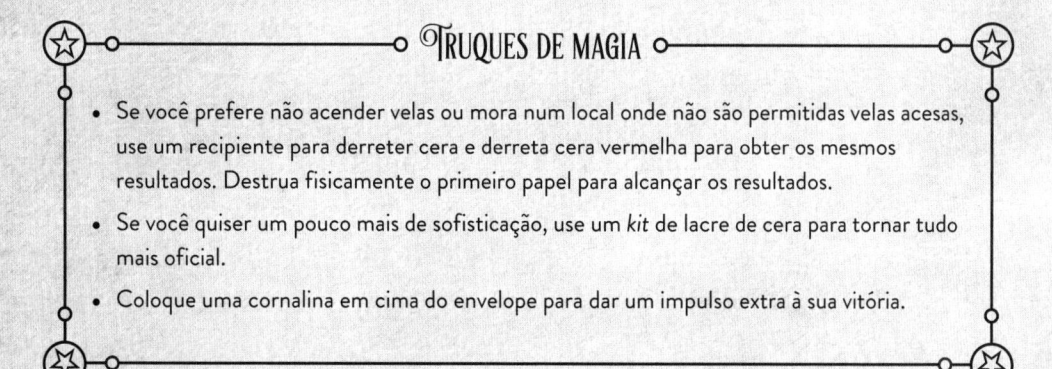

Truques de Magia

- Se você prefere não acender velas ou mora num local onde não são permitidas velas acesas, use um recipiente para derreter cera e derreta cera vermelha para obter os mesmos resultados. Destrua fisicamente o primeiro papel para alcançar os resultados.
- Se você quiser um pouco mais de sofisticação, use um *kit* de lacre de cera para tornar tudo mais oficial.
- Coloque uma cornalina em cima do envelope para dar um impulso extra à sua vitória.

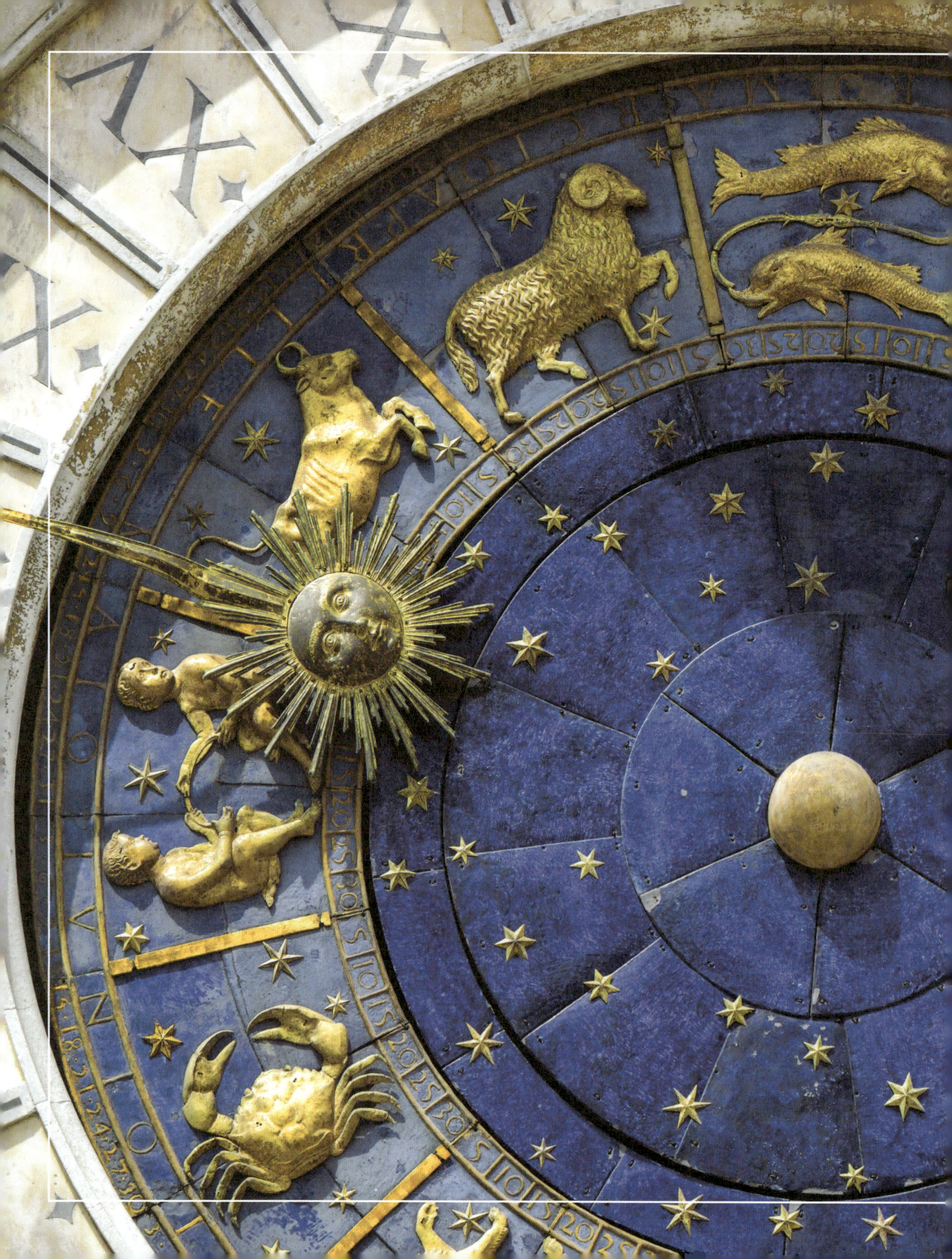

Touro

CONFIÁVEL ✲ TENAZ ✲ DEDICADO

PERÍODO: 20 e abril a 20 de maio
GLIFO: ♉
SÍMBOLO: Touro
ELEMENTO: Terra
MODALIDADE: Fixo
PLANETA: Vênus
CASA: 2
PARTES DO CORPO: Pescoço, ombros, garganta
CORES: Verde, cor-de-rosa, branco
RODA DO ANO: Beltane

Primeiro signo de Terra da roda astrológica, Touro é a verdadeira personificação desse elemento. Trata-se de um signo que tem os dois pés no chão, enraizados no reino físico. Os nativos são fortes, robustos e têm uma serenidade que lhes permite apreciar a beleza da natureza. Como o touro que representa esse signo, eles gostam de vagar pelos pastos, aproveitando todos os prazeres que a vida tem a oferecer.

A teimosia é uma característica que define esse signo e é também uma faca de dois gumes. Como uma montanha gloriosa, nada nem ninguém pode mover ou empurrar os taurinos. Eles defendem suas crenças e as pessoas que amam com uma convicção inabalável. No entanto, essa teimosia também pode impedi-los de aproveitar novas oportunidades e os mantêm presos a ciclos viciosos. Touro é um signo fixo; seu período é meados da primavera. Contudo, Touro deve aprender que as estações mudam, e nós também. Na Roda do Ano, o festival de Beltane é realizado no dia 1º de maio, em pleno signo de Touro. Beltane é a celebração do Deus e da Deusa se unindo numa união física. Durante esse período, o véu entre o reino físico e o espiritual fica mais tênue, facilitando o avistamento de fadas e elfos. Touro é a personificação de tudo o que Beltane tem a oferecer: prazer sensual, uniões românticas e o prazer pela vida.

Touro no Mapa Astral

Se Touro é um dos seus três maiorais, pode ser que você aborde seu ofício de modo lento e constante. Você pode realizar rituais que demoram um pouco para se manifestar, mas que produzem grandes resultados. Também pode se sentir atraído pelo fitoterapia e pela meditação, ou apenas goste de deixar seu altar sempre bonito. Veja a seguir como a energia de Touro se manifesta em diferentes posicionamentos.

Sol em Touro

O propósito de um Sol em Touro é aproveitar os prazeres que a vida tem a oferecer, desde se deliciar com uma boa comida e usar roupas confortáveis, até sentir a luz solar sobre a pele. A pessoa com Sol em Touro sabe que a vida é rara e preciosa, e quer aproveitá-la. Por ser um signo de Terra, ele está disposto a trabalhar duro nesta vida, mas sua filosofia é trabalhar para viver, não viver para trabalhar.

Por ser um signo abençoado com muita paciência, engenho e tenacidade, a magia do Sol em Touro pode ser lenta, mas é forte. É impossível forçar ou apressar ou pressionar um Sol em Touro; ele avança em seu próprio ritmo, rumo ao seu destino. Pode manifestar qualquer coisa que queira, pois têm diligência e paciência para plantar as sementes e vê-las crescer. No entanto, Touro também tem um lado autoritário; ele é inflexível e teimoso, além de demonstrar uma natureza possessiva.

Se você é um Sol em Touro, a lição da sua prática espiritual é tornar-se um pouco mais flexível com a sua magia e sair de sua zona de conforto, para que possa acessar seu eu mais poderoso.

Lua em Touro

A Lua em Touro pode suportar qualquer dificuldade, mas deve ter confortos estáveis e confiáveis para se sentir emocionalmente seguro. Não se trata apenas de comer bolo de chocolate no jantar ou se entregar à terapia das compras por impulso. Estou falando do conforto de ter um parceiro amoroso para ajudá-la a realizar projetos de vida. É a segurança de ter a casa própria. É ter tempo e recursos para assistir a um pôr de sol ou passear na praia. A Lua em Touro precisa aproveitar os prazeres da vida para se abastecer. Não se trata do tipo de pessoa que age por impulso. Em vez disso, a Lua em

Touro leva tudo em consideração, pensando com cuidado antes de decidir. Por causa disso, as outras pessoas podem acabar ficando dependentes da Lua em Touro. Se ela pudesse ter tudo do seu jeito, preferia que todos que amam vivessem sob o mesmo teto. No entanto, por causa do seu amor pelo conforto, ela também pode ficar presa a situações infelizes porque é teimosa demais para mudar. Ser flexível sempre será um desafio.

No melhor dos casos, a bruxa com a Lua em Touro investe em sua magia, cuidando dela regularmente, com paciência, carinho e esforço constante. Ela é alguém em quem as outras bruxas podem confiar. Na pior das hipóteses, essa bruxa é possessiva com a sua magia, seu coven e seus instrumentos, pode ser rígida em suas regras e obstinada em sua prática (mesmo que ela ainda tenha muito que melhorar).

Ascendente em Touro

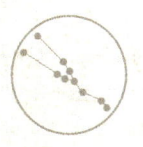

Você pode identificar um Ascendente em Touro pela maneira como se veste. Essas pessoas têm um estilo clássico e atemporal que cultivam ao longo dos anos, e suas roupas muitas vezes são adornadas por um colar chamativo. Regido por Vênus, o Ascendente em Touro tem olho clínico para a beleza. Ele também tem muitas habilidades sociais, pois as pessoas naturalmente se aproximam dele por causa da sua natureza descontraída e ao mesmo tempo sensata. Embora não seja festeiro, o Ascendente em Touro sabe como se divertir, desde cantar alto nas reuniões do coven até fazer uma refeição de cinco pratos com os amigos. No entanto, sua necessidade de controlar e tentar forçar a vida a se curvar à sua vontade pode deixá-lo infeliz e extinguir seu entusiasmo. Acima de tudo, quem tem Touro como Ascendente só quer construir algo que perdure.

O ascendente em Touro inicialmente parece paciente, artístico e um pouco materialista. Todavia, quando você entra no círculo íntimo dele, vê que ele também é firme, charmoso e incrivelmente obstinado. A bruxa com ascendente em Touro tem uma abordagem sutil, muitas vezes praticando rituais diários que ajudam a manifestar seus sonhos. Ela encontra felicidade em covens onde pode usar seus dons naturais para ajudar os outros, mas irá embora se sentir que está sendo pressionada demais.

Touro e a Magia

Bruxas com posicionamentos em Touro usam sua magia onde sentem que obterão o maior benefício. Elas cultivam jardins para usar as ervas cultivadas em feitiços para atrair dinheiro, montam altares bonitos para prestar seus cultos diariamente e trabalham com capricho para aperfeiçoar seu ofício. São pessoas que praticam a magia em longo prazo. Se você deseja adicionar um pouco de si mesma ou da sua energia ao seu ofício, use estes cristais, ervas, e áreas da magia para dar mais impulso aos seus trabalhos mágicos.

Cristais para Touro

ESMERALDA: Pedra natal de Touro, a esmeralda é a pedra da verdade e do amor, perfeita para este signo regido por Vênus. A esmeralda também é a pedra da intuição. Ela pode acalmar os medos de Touro sobre o futuro, se ele tiver um vislumbre do que está por vir. Esta pedra traz sucesso, sorte e ganhos financeiros. Use um anel de esmeralda enquanto trabalha com dinheiro ou quando fizer magia para atrair mais dinheiro para a sua vida.

MALAQUITA: Famosos por sua teimosia, os taurinos fixos podem ser bastante resistentes a mudanças, muitas vezes presos aos seus próprios hábitos. A malaquita pode ajudar o taurino a sair da sua zona de conforto, acalmando seu subconsciente e encorajando-o a correr riscos - especialmente nos negócios. Coloque uma malaquita, com sua abundância de cura, proteção e força de vontade, em seu escritório se estiver planejando fazer uma grande mudança em sua vida profissional.

QUARTZO ROSA: Pedra do amor incondicional, o quartzo rosa ajuda a desenvolver relacionamentos estáveis, algo que os posicionamentos em Touro almejam. O quartzo rosa pode ajudar a criar um ambiente tranquilo onde todos se deem bem, mas também gera paz e amor dentro de você. Coloque um quartzo rosa sobre o pescoço da próxima vez que fizer um ritual de autocuidado.

Ervas para Touro

CARDAMOMO: Da família do gengibre, o cardamomo é uma especiaria de sabor cítrico, muito usada em alimentos e bebidas. Por ser o signo mais *gourmet* do zodíaco, o signo de Touro adora fazer pratos usando o condimento, mas também desfrutará dos benefícios mágicos dessa especiaria, incluindo clareza, coragem, convicção e luxúria. Faça um prato com cardamomo se quiser ter um encontro tórrido.

ROSA: Regido por Vênus, Touro é atraído por símbolos românticos tradicionais, incluindo as rosas. Essas flores são muito importantes na Bruxaria e podem ser encontradas de várias maneiras: óleo de rosas, água de rosas, chá de rosas, cultivo de rosas etc. Também são muitas as suas finalidades: realçar a beleza, aguçar o dom de adivinhação e intensificar os poderes de cura. Beba um pouco de chá de rosas antes de um grande encontro para acalmar seus nervos e destacar sua beleza interior.

SÁLVIA: Por ser uma erva muito usada para eliminar más vibrações, os posicionamentos em Touro sempre têm a sálvia comum por perto, para todas as suas necessidades mágicas. Diferente da sálvia-branca, a sálvia comum costuma está muito presente nas práticas tradicionais da Wicca. Os posicionamentos em Touro podem usar esta erva para proteção, sabedoria, limpeza, longevidade e sorte. Escreva seu desejo numa folha de sálvia e durma com ela debaixo do travesseiro por três dias. No terceiro dia, enterre-a no jardim para que seu desejo seja atendido.

Melhores tipos de feitiço e de magia para Touro

Feitiços de abundância, magia na cozinha, Bruxaria verde, tigela tibetana, feitiços para o sucesso nos negócios, feitiços de amor, rituais com música, magia de cura, manifestação de dinheiro, jardinagem

UM FEITIÇO PARA TOURO

Touro tem uma habilidade incrível para manifestar e atrair o que deseja na vida, porque tem paciência e resistência para esperar pelas coisas que deseja manifestar. Se você quer atrair o que deseja na vida, use a música! O som carrega energia e Touro rege a garganta e as cordas vocais, que podem ser usadas na magia. Portanto, vamos fazer uma música! Para este feitiço, você precisará de uma tigela tibetana, um sino em forma de tigela que produz som quando golpeado e circulado com um pequeno bastão. Se você não tiver uma tigela tibetana, simplesmente use música.

MATERIAIS

- Tigela tibetana
- Folha de papel
- Caneta com tinta verde
- Uma pedra de malaquita
- Aparelho que toque música

1. Sente-se num local tranquilo, de preferência em meio à natureza, mas também pode ser no seu quarto. Bata na lateral da tigela com o bastão uma vez e, em seguida, use-o para circular a tigela três vezes, no sentido anti-horário. Isso limpará o espaço e eliminará qualquer energia negativa. Se você não tiver uma tigela tibetana, limpe o ambiente como costuma fazer.

2. Na folha de papel, escreva o que você deseja atrair. Escreva como se já tivesse conseguido isso, como: "Gratidão pela minha nova casa", "Amo meu parceiro; ele é carinhoso, calmo e confiável". Quando terminar, coloque o papel dentro da tigela e a malaquita sobre o papel.

3. Escolha uma música que esteja de acordo com as suas intenções. Pode ser qualquer coisa: de monges entoando mantras até música *pop*, o que for mais adequado. Bata na tigela tibetana e use o bastão para circulá-la três vezes no sentido horário. Coloque a música para tocar.

4. Cante! Com todo o seu coração! Não importa se você canta bem ou não tem ouvido para música; cante! A magia vem da paixão que você coloca nela, então cante, visualizando a magia irradiando do seu corpo para o mundo.

5. No meio da música, bata na tigela tibetana novamente, circulando-a três vezes no sentido horário com o bastão. Continue cantando.

6. Quando a música terminar, bata na tigela tibetana mais uma vez, repetindo o que você fez antes. Agradeça aos elementos e desligue a música.

7. Coloque o papel e a malaquita sobre o altar e continue seu dia.

Truques de Magia

- Intensifique as vibrações acrescentando dança ao seu ritual.
- Enterre seu papel num jardim para acelerar suas intenções e fazer que elas se manifestem mais rápido.
- Use a tigela tibetana sempre que precisar limpar cristais, ervas ou o seu espaço, pois o som pode purificar e elevar a energia ao seu redor.

Leo

Ursa maior

Pol Arct

Circulu

Horizo

Cancer

Gemini

Auriga

Canis min.

Propus

Gêmeos

CURIOSO ✶ ADAPTÁVEL ✶ INTELIGENTE

PERÍODO: 21 de maio a 20 de junho
GLIFO: ♊
SÍMBOLO: Gêmeos
ELEMENTO: Ar
MODALIDADE: Mutável
CASA: 3
PARTES DO CORPO: Ombros, pulmões, braços, mãos, dedos
CORES: Amarelo-claro, verde-menta, azul-claro
RODA DO ANO: A transição da primavera para o verão

Com o dom da palavra e um raciocínio rápido, Gêmeos quer conhecer tudo e todos. Sua reputação pode precedê-lo por ser inconsistente, volúvel e intrometido, mas é Gêmeos quem sempre tem a última palavra - e ele é o rei das tiradas. No entanto, embora as piadas inteligentes de Gêmeos possam torná-los a alma de qualquer festa, eles estão aqui para aprender todos os segredos. Por serem regidos por Mercúrio, o planeta da comunicação, os geminianos precisam compartilhar tudo o que aprenderam, o que os torna um verdadeiro tesouro num coven - porém, eles podem ser um risco caso saibam algum segredo sórdido a seu respeito.

Simbolizado pelos gêmeos, os geminianos são frequentemente acusados de falar pelos cotovelos. Quando mudam de ideia, não é porque sejam desleais ou careçam de convicções, mas sim porque são tão perspicazes que conseguem ver todos os lados de uma questão. A mente deles é tão afiada e racional que pode ver facilmente o ponto de vista de alguém. Mesmo que eles não concordem, isso mantém as coisas interessantes, e Gêmeos não suporta ficar entediado.

O período de Gêmeos ocorre durante a transição da primavera para o verão. As sementes que plantamos na primavera estão começando a florescer, assim como as sementes de informação plantadas em Gêmeos se tornam pensamentos e ideias inteligentes para o restante de nós colher.

Gêmeos no Mapa Astral

Se Gêmeos é um dos seus três maiorais, provavelmente passou muito tempo pesquisando diferentes vertentes da Wicca, da divinação e da Astrologia (pode ser por isso que começou a ler este livro!). Você pode saltar de um tipo de prática para outro, lançando muitos feitiços de uma vez só. No entanto, seu jeito com as palavras o torna talentoso na criação de feitiços. Veja como sua energia de Gêmeos se manifesta em diferentes posicionamentos.

Sol em Gêmeos

Com conhecimentos variados, mas sem dominar nenhum assunto em particular, a geminiana tem muitos interesses e se esforça para aprender um pouco de tudo. Muito curiosa e inteligente, a bruxa que tem o Sol em Gêmeos pode ser a mente mais perspicaz do coven; ela também pode ser a mais fofoqueira, se não receber estímulo intelectual suficiente. Seja qual for o caso, o Sol em Gêmeos está sempre ansioso para aprender e compartilhar seus conhecimentos com todos.

Simbolizado pelos gêmeos, o sol em Gêmeos é abençoado com uma natureza dual e pode usar a lógica e a intuição em sua vida diária. Ele também pode facilmente passar do fato para a ficção. Também é dotado de habilidades de conversação, criatividade e adaptabilidade, o que o ajuda a se encaixar em qualquer círculo social. No entanto, toda essa energia que Gêmeos tem é uma energia nervosa, que parece dispersa, volúvel e impressionável.

Se você é um Sol em Gêmeos, a lição da sua prática espiritual é pensar nas palavras que você diz antes de pronunciá-las. Você pode não gostar do que manifestou num momento de pressa.

Lua em Gêmeos

Um signo mental num planeta emocional é o emparelhamento perfeito, pois a Lua em Gêmeos precisa analisar suas emoções em vez de senti-las. Ele se acalma "conversando", seja com um profissional, um amigo ou até mesmo um estranho no ônibus. Um buscador de conhecimento, sua zona de conforto é se comunicar com os outros, fazer perguntas e trocar fatos numa conversa ou por escrito. Ele precisa estar perto de outras pessoas e compartilhar ideias para se sentir feliz. A variedade é o tempero da vida à medida que a Lua em Gêmeos busca constante mudança: novos empregos, novos locais, novos amigos. No entanto, Gêmeos precisa equilibrar estímulos com estabilidade para acalmar seus nervos sensíveis.

O maior ponto forte de uma bruxa com a Lua em Gêmeos é sua agilidade mental ao elaborar feitiços, sua energia intensa e seu charme natural, que forma covens com facilidade. Seu ponto fraco na magia é que você pode ser desorganizada e inconsistente em sua prática, o que produz um fluxo de magia muito irregular.

Ascendente em Gêmeos

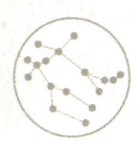

Você provavelmente ouvirá um Ascendente em Gêmeos antes de poder vê-lo. Ele tem uma voz vibrante, mãos que se movimentam rápido e uma boca que se mexe sem parar. Gêmeos sempre tem algo a dizer sobre qualquer assunto, seja compartilhando um fato pouco conhecido ou fazendo perguntas. O Ascendente em Gêmeos está em constante movimento, o que, às vezes, pode torná-lo alguém difícil de seguir. Ele precisa de estímulo mental constante e salta de assunto em assunto e de grupo social em grupo social, o que lhe dá uma aparência de inquietude. No entanto, o Ascendente em Gêmeos fica mais feliz quando está conversando com outras pessoas. Ele precisa de mudança e variedade para manter as coisas interessantes. Gêmeos simplesmente quer contar sua história para o mundo.

A princípio, o Ascendente em Gêmeos parece ocupado e espirituoso, com uma excitabilidade que pode passar da energia nervosa para frieza. Contudo, se você conseguir prender a atenção dele por tempo suficiente, descobrirá que ele é mentalmente rápido, charmoso e curioso. A bruxa com Ascendente em Gêmeos será atraída para todos os tipos de magia e covens com o objetivo de aprender tudo o que a Wicca tem a oferecer. Muitas vezes, você o encontrará em reuniões de coven, com fofocas suculentas e um feitiço que o ajudará a conseguir uma promoção.

Gêmeos e a Magia

As bruxas com posicionamentos em Gêmeos são geralmente pau para toda obra, mas mestres em coisa alguma. Elas se envolvem em quase todas as formas de Bruxaria, mas geralmente perdem o interesse quando precisam investir mais tempo e energia em alguma delas. No entanto, isso é uma bênção, pois sua natureza energética pode ajudá-las a aprender novos métodos mágicos rapidamente e com grande entusiasmo. Se você deseja adicionar um pouco de si mesma ou da sua energia ao seu ofício, use estes cristais, ervas, e áreas da magia para dar mais impulso aos seus trabalhos mágicos.

Cristais para Gêmeos

CITRINO: Por ser uma pedra do sucesso, o citrino é perfeito para as bruxas curiosas com posicionamentos em Gêmeos, pois ele aumenta a confiança, ajuda na concentração e abre a mente para ampliar os horizontes. Uma pedra da sorte, o citrino nunca precisa passar por uma limpeza, porque ele elimina naturalmente a energia negativa e pode facilmente combater a ansiedade e os pensamentos acelerados. Coloque um citrino na sua escrivaninha enquanto trabalha para atrair mais sucesso e conhecimento.

HOWLITA: Gêmeos é um signo de muita energia, sempre saltando de um assunto para o outro com paixão e intensidade. A howlita traz equilíbrio a essa energia, dando a Gêmeos uma calma muito necessária. Conhecida como "a pedra dos estudos", a howlita pode aguçar a memória, aumentar a capacidade de raciocínio e ajudar a manter a objetividade na busca do conhecimento. Coloque uma howlita na mão antes de uma grande reunião ou aula para ajudá-la a absorver as informações.

OLHO DE TIGRE: Simbolizados por um par de gêmeos, os posicionamentos em Gêmeos muitas vezes podem estar em desacordo consigo mesmos por causa de opiniões e ideias conflitantes. Felizmente, a pedra olho de tigre é conhecida por equilibrar dois opostos, criando harmonia. O olho de tigre também promove coragem, mudança, determinação e perseverança, ajudando o volúvel Gêmeos a atingir seus objetivos. Segure um olho de tigre na mão enquanto toma uma decisão; isso pode levá-la a fazer a escolha correta.

Ervas para Gêmeos

ENDRO: Muito usado na cozinha, o endro pode ajudar Gêmeos a finalmente relaxar após um longo dia. Da antiga palavra nórdica *dylla*, que significa "calmaria", o endro tem um efeito calmante que pode inspirar sentimentos de segurança e conforto. Na magia, os posicionamentos em Gêmeos podem usar o endro para atrair vitalidade, prazer, sorte, proteção e abundância. Tenha um vaso de endro na cozinha ou plante-o no jardim para garantir que você sempre tenha esta erva à mão.

LAVANDA: Erva de cura universal, a lavanda é tão flexível quanto Gêmeos, acalmando qualquer parte do corpo que precise dela, incluindo a mente e o espírito. Como Gêmeos, a lavanda tem uma natureza dual, pois também pode ser estimulante, com seu agradável aroma floral e relaxante. A lavanda pode ajudar os posicionamentos em Gêmeos a ter mais clareza, menos preocupação e mais equilíbrio mental e físico. Borrife um pouco de água perfumada de lavanda em seu espaço antes de trabalhar, se comunicar, criar ou lançar feitiços, para se ancorar e irradiar intenções pacíficas para o ambiente.

HORTELÃ-PIMENTA: Com seu sabor notável de menta, a hortelã-pimenta não apenas promove uma boa saúde bucal, como também pode aliviar as dores de cabeça que os geminianos têm por pensar demais. Os geminianos são atraídos pelas fortes propriedades de cura da hortelã-pimenta, mas também pela sua capacidade de limpeza e pelas propriedades psíquicas, de proteção e de renovação de energia. Beba um pouco de chá de hortelã após um dia estressante para ter bons sonhos.

Melhores tipos de feitiços e magia para Gêmeos

Pêndulo, feitiços verbais, feitiços para manifestar desejo, comunicação com espíritos, manifestação com palavras, feitiços com escrita, respiração, magia de energia, magia tecnológica.

UM FEITIÇO PARA GÊMEOS

Os geminianos têm um grande apetite por conhecimento, mas, às vezes, não têm foco suficiente para se comprometer a estudar e aprender um assunto. Se você está tentando se lembrar de detalhes importantes para uma prova ou precisa se concentrar, esse feitiço a ajudará a ter autodisciplina suficiente para se concentrar em qualquer coisa com sucesso.

MATERIAIS

- Duas velas amarelas com um longo período de queima (representando a iluminação)
- Dois castiçais (se as velas não estiverem dentro de recipientes)
- Cristal de citrino
- Cristal de howlita
- Cristal de olho de tigre
- Isqueiro ou fósforos
- O que quer que você esteja lendo ou em que esteja tentando se concentrar
- Apagador de velas

1 Sente-se onde você costuma estudar, livre de qualquer desordem e distração, de preferência numa mesa ou escrivaninha. Limpe o local.

2 Coloque as duas velas na mesa com o citrino, a howlita e o olho de tigre no espaço entre elas.

3 Acenda a primeira vela e diga: "Com esta chama, acendo a centelha das ideias. Que ela revigore minha mente e deixe que meus pensamentos sejam claros, firmes e criativos".

4 Acenda a segunda vela e diga: "Com esta chama, eu acendo a chama da concentração. Que ela guie minha intuição e me dê me foco, vontade e disciplina para alcançar os meus objetivos intelectuais. Que assim seja".

5 Dedique-se ao que estiver estudando ou ao projeto que estiver desenvolvendo (não deixe as velas sem vigilância). Quando terminar, pegue o apagador de velas e diga: "Agradeço pelo presente que você me deu", enquanto apaga cada vela.

6 Repita este feitiço quando necessário.

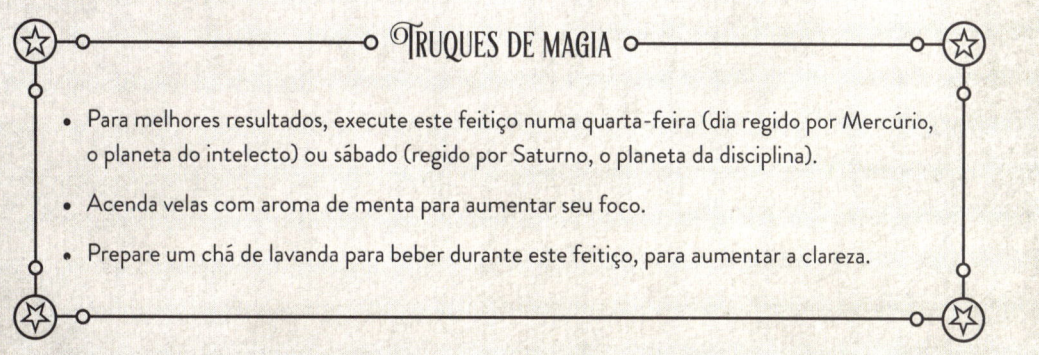

Truques de Magia

- Para melhores resultados, execute este feitiço numa quarta-feira (dia regido por Mercúrio, o planeta do intelecto) ou sábado (regido por Saturno, o planeta da disciplina).
- Acenda velas com aroma de menta para aumentar seu foco.
- Prepare um chá de lavanda para beber durante este feitiço, para aumentar a clareza.

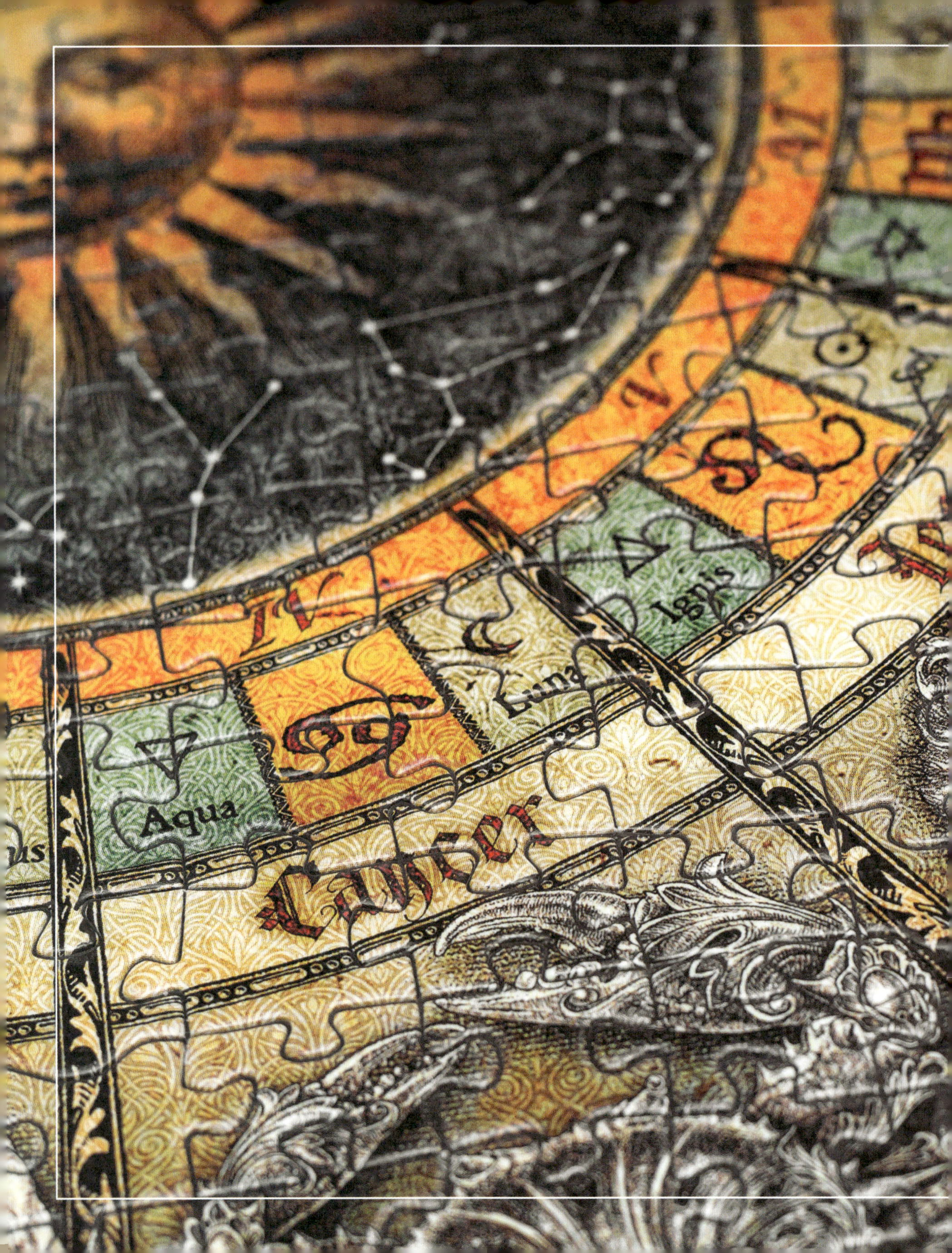
IV
Luna
Ignis
Aqua
Cancer

Câncer

AFETUOSO ✶ EMPÁTICO ✶ SENTIMENTAL

PERÍODO: 21 de junho a 22 de julho
GLIFO: ♋
SÍMBOLO: Caranguejo
ELEMENTO: Água
MODALIDADE: Cardial
PLANETA: Lua
CASA: 4
PARTES DO CORPO: Peito e estômago
CORES: Azul, branco e verde-mar
RODA DO ANO: Litha (Solstício de Verão)

Prepare-se para *sentir*. Câncer nos leva às águas profundas da emoção, das nossas lembranças de infância mais acalentadas até nossas feridas mais profundas. Câncer se lembra de tudo. Não tem medo de ser vulnerável, mas têm um forte instinto de sobrevivência. Assim como o caranguejo que o simboliza, Câncer não anda por aí com o coração exposto. Eles têm uma dura camada externa de mau humor e um instinto de defesa que todos precisam ultrapassar. Mas, por baixo dessa carapaça dura, está a ternura suave desse signo, que é o cuidador natural, o amigo protetor e o amante imaginativo. Câncer precisa proteger seu dom mais precioso: um coração empático.

O período de câncer começa em Litha, o festival wiccano que celebra o Solstício de Verão e a vitória do Rei do Azevinho contra o Rei do Carvalho. Esse é um momento de abundância, crescimento e magia.

Pode parecer estranho que o período de Câncer, um signo regido pela Lua, comece no dia mais longo do ano. No entanto, o Sol se põe um pouco mais cedo a cada dia depois disso, à medida que Câncer se aproxima lentamente da sua preciosa Lua. Isso representa perfeitamente a dedicação, o amor e a devoção de Câncer.

Câncer no Mapa Astral

Se Câncer é um dos seus três maiorais, deve ter notado que sua magia geralmente parte das emoções. Se estiver de bom humor, você poderá lançar um feitiço mais potente. No entanto, se estiver de mau humor, poderá fazer o seu feitiço mais letal. Veja como sua energia canceriana se manifesta em diferentes posicionamentos.

Sol em Câncer

O propósito de quem tem o Sol em Câncer é formar laços emocionais com os outros. Trata-se de pessoas com raízes fortes. Elas querem um lar, querem uma família (seja de sangue ou de vínculo), e querem sentir esse amor sempre ao seu redor. Os sóis em Câncer são almas sensíveis, mesmo que não queiram que as pessoas conheçam seus pontos fracos e delicados, e eles simplesmente querem amar e ser amados.

A Deusa presenteia os nativos de Câncer com sabedoria intuitiva, bondade, proteção e um coração empático. Eles são aqueles a quem você deve recorrer se precisar de conselhos sem julgamento, um ombro para chorar e a melhor canja que você já comeu. Câncer adora assumir o papel de cuidador, mas, quando é drenado por oportunistas e vampiros de energia, pode ficar mal-humorado, excessivamente sensível e completamente fechado, para poder se curar.

Se você tem o Sol em Câncer, a lição da sua prática espiritual é que a sua vulnerabilidade é tanto uma força quanto uma fraqueza. Definir limites pode ajudar a proteger você e sua magia sem bloquear as pessoas.

Lua em Câncer

A Lua em Câncer é a posição mais forte em que o signo do caranguejo pode estar, mas também a mais vulnerável. A Lua nesse signo sente os fluxos e refluxos da vida emocional, semelhantes às fases minguante e crescente da Lua. Por causa da sua sensibilidade, essas bruxas precisam de um lugar seguro para chamar de lar, onde recebam cuidados e tenham pessoas para cuidar. Leais e protetoras, elas farão qualquer coisa pelas pessoas que amam, até mesmo sacrificando a si mesmas. As Luas em Câncer podem facilmente se perder no mar da nostalgia; agarrar-se ao passado pode ser um bote salva-vidas ou uma âncora para elas. É tarefa delas fazer que seus fortes sentimentos as motivem sem destruí-las.

Na melhor das hipóteses, uma bruxa com a Lua em Câncer usa sua empatia natural para curar os outros e sua forte intuição para fins de adivinhação, e é incansavelmente dedicada ao seu coven e ofício. No entanto, seus pontos fracos são o mau humor (que pode afetar a potência dos seus feitiços), o uso da magia para manipulação e sua hipersensibilidade ao humor dos outros.

Ascendente em Câncer

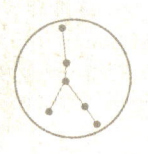

O Ascendente em Câncer tem uma memória emocional impecável quando se trata de outras pessoas. Um empata natural, ele provavelmente saberá mais sobre você após o primeiro encontro do que você sabe sobre ele. O Ascendente em Câncer sabe como você gosta do seu café, quais são as suas cores preferidas e o nome da sua mãe. Ele pode sentir as emoções dos outros facilmente e muitas vezes é atraído por aqueles que têm uma vida mais difícil. O Ascendente em Câncer quer ser conhecido por sua capacidade de cuidar dos outros. No entanto, o compromisso emocional que um Ascendente em Câncer assume pode ser desgastante e ele pode facilmente levar uma palavra ou tom de voz acalorado para o lado pessoal, por causa de sua grande sensibilidade. Ele precisa de tempo para mergulhar em suas próprias emoções antes de conseguir lidar com as emoções dos outros.

Quando você conhece um Ascendente em Câncer, ele pode parecer mal-humorado, reservado, defensivo e muito tímido. Contudo, depois de passar mais tempo com ele, você descobrirá que ele é gentil, criativo, amoroso e generoso. Uma bruxa com Ascendente em Câncer pode ser atraída para os métodos de adivinhação, leituras da aura e magia lunar. Ela trata os membros do seu coven como se fossem a sua família.

Câncer e a Magia

Se Câncer é um dos seus três maiorais, sua magia e seus estados emocionais estão sempre interligados, e saber disso pode ajudá-la a acessar o seu poder pessoal. Você precisa fazer que suas emoções trabalhem a seu favor, não contra você. O poder da Lua pode ajudar. Se você deseja adicionar um pouco de si mesma ou da sua energia ao seu ofício, use estes cristais, ervas e áreas da magia para dar mais impulso aos seus trabalhos mágicos.

Cristais para Câncer

PEDRA DA LUA: Muitas vezes considerada a pedra natal de Câncer, a pedra da lua é frequentemente associada ao planeta regido pela Lua. Nos tempos antigos, as pessoas que viajavam à noite carregavam uma pedra da lua como proteção. Esta pedra ajuda a melhorar a intuição, pois ela se conecta ao subconsciente, e auxilia na autoexpressão. Ela é perfeita para cancerianos que têm dificuldade para falar por si mesmos sobre seus próprios desejos e necessidades. Mantenha uma pedra da lua no chaveiro para se manter em segurança.

OPALA: Associada aos planetas de Água por causa do seu alto teor de água, a opala é um cristal de cura que ajuda a transmutar a energia negativa em positiva dentro de nós. Para os cancerianos que tendem a se apegar ao passado (especialmente os mais rancorosos), a opala pode ajudar a trazer à tona boas memórias. Mantenha uma opala perto de fotos de família para evocar lembranças boas.

SELENITA: Como a pedra da lua, a selenita também está associada à Lua e recebeu esse nome em homenagem a Selene, a deusa grega da Lua. A Selenita pode limpar a mente de pensamentos negativos e intensificar a intuição, a capacidade de perdoar e o autoconhecimento dos posicionamentos em Câncer. A selenita também pode oferecer proteção quando necessário. Segure uma selenita ao meditar para acalmar a mente.

Ervas para Câncer

BABOSA: A babosa e o signo de Câncer têm muito em comum: ambos têm um exterior espinhoso, mas um interior pegajoso e capaz de curar. A babosa é uma antiga planta com propriedades de cura, que tem sido usada por gerações para curar queimaduras, acalmar o estômago e banir a má sorte. A babosa também atrai beleza, amor e abundância e é muito benéfica na magia lunar. Mantenha um vaso de babosa na cozinha para evitar acidentes.

CAMOMILA: Ingrediente-chave em nossos chás favoritos para dormir, a camomila proporciona o conforto que os cancerianos precisam após um longo dia cuidando de outras pessoas. A camomila traz dinheiro, paz, amor, tranquilidade, beleza, cura e sorte. Beba um pouco de chá de camomila antes de dormir para ter sonhos reparadores e repousantes.

ERVA-CIDREIRA: Outra erva muito apreciada na hora do chá é a erva-cidreira, chamada muitas vezes de "elixir da vida" pelos fitoterapeutas, por suas propriedades de cura, de renovação de energia e longevidade. As bruxas com posicionamentos em Câncer apreciarão a erva-cidreira por propiciar amor, sonhos, confiança, felicidade, prosperidade, sensualidade e o trabalho onírico. Desidrate folhas de erva-cidreira e faça um sachê para levar com você para onde for, colocar sobre o seu altar ou deixar embaixo do travesseiro, para atrair o amor da sua vida.

Melhores tipos de feitiços e magia para Câncer

Magia na cozinha, magia lunar, desenvolvimento psíquico, trabalho de vidas passadas, visão psíquica através dos sonhos, magia marítima, transes, feitiços de empoderamento, feitiços de amarração

UM FEITIÇO PARA CÂNCER

As bruxas com posicionamentos em Câncer têm bom coração e uma alma incrivelmente empática. No entanto, é por causa dessas características que elas tendem a atrair pessoas tóxicas e absorver a energia delas. Se você se sente cansada, indisposta ou mais mal-humorada do que o normal, pode ser hora de se livrar das vibrações negativas que absorveu de outras pessoas.

MATERIAIS

- Tigela grande
- Colher
- 2 xícaras de sal amargo (limpeza energética)
- ¾ xícara de óleo de coco (limpeza espiritual)
- 5 gotas de óleo essencial de camomila (conforto e cura interior)
- 5 gotas de óleo essencial de limão (energia, cura e confiança)
- Recipiente hermético

1. Na tigela, misture o sal amargo e o óleo de coco. Adicione os óleos essenciais de camomila e limão, e continue a mexer no sentido horário até a mistura ficar bem homogênea.

2. Enquanto mexe, diga: "Com esta mistura, invoco os espíritos e os elementos que me protegem, para curar minha aura e limpar minha energia da negatividade que absorvi. Sempre que eu usar esta mistura, estarei eliminando o mal e me abrindo apenas para coisas boas. Que assim seja".

3. Se você não planeja usar essa mistura imediatamente, guarde-a num recipiente hermético até a hora de usar.

4. Quando estiver pronta para usar, entre no chuveiro ou banheira e esfregue a mistura no corpo, com um movimento anti-horário. À medida que você se lava, visualize toda a negatividade deixando você.

5. Quando estiver se sentindo totalmente limpa, saia do banho e se vista. Seja gentil consigo mesma pelo resto do dia.

Truques de Magia

- Para melhores resultados, realize este feitiço numa segunda-feira (dia associado à Lua).

- Se quiser dar mais força à magia, faça-a à noite, durante a Lua minguante. Depois de usar a mistura, medite sob o luar para absorver um pouco do seu poder.

- Se você precisar de uma cura extra, adicione uma xícara de gel de babosa à sua mistura.

- Você também pode adicionar camomila e erva-cidreira desidratadas à mistura, se preferir.

CAVDA·VRSE·MAIOR
CAVDA·LEONIS
SPICA
PES·CORVI
ALA
SEPTEMTRIONALI
MERIDIANA
ARCTVRVS
LIBRA
SCORPIO
CORONA
CRATER
COR·LEONIS
LEO
CANCER
PRORA·NAVIS

Leão

VIBRANTE ✶ ESPIRITUOSO ✶ LEAL

PERÍODO: 23 de julho a 22 de agosto
GLIFO: ♌
SÍMBOLO: Leão
ELEMENTO: Fogo
MODALIDADE: Fixo
PLANETA: O Sol
CASA: 5
PARTES DO CORPO: Coração, coluna vertebral, parte superior das costas
CORES: Laranja, dourado, roxo
RODA DO ANO: Lammas/Lughnasadh

Cuidado, bruxas, a estrela chegou! Leão está sempre buscando os holofotes, e por que não deveria? Ele é regido pela maior e mais brilhante estrela do céu: o Sol! No entanto, não deixe que o talento de Leão para o drama e a sua aura de realeza a engane. Os leoninos têm um coração generoso, mente criativa e costumam ser fiéis. Eles não exigem muita coisa. Querem apenas ser amados (por todo mundo).

O mundo inteiro é um palco e ninguém sabe disso melhor do que Leão. Todo dia é uma chance de fazer uma performance: desde dar tudo de si numa apresentação até se maquiar para ir à padaria. Leão quer tornar o mundo um lugar melhor, mais feliz e brilhante, mas, independentemente do bem que ele faça, ele quer receber os créditos por isso, o que lhes dá a reputação de ser vaidoso, autoritário e egoísta. Contudo, Leão sempre tem as melhores intenções no coração.

Na Roda do Ano, o sabá wiccano Lammas (também conhecido como Lughnasadh), é celebrado no dia 1º de agosto, em pleno período de Leão. Em Lammas, celebramos abundância, criatividade e gratidão por uma época de colheita abundante, todas as características associadas ao generoso Leão, que trata cada dia como uma celebração.

Leão no Mapa Astral

Se Leão é um dos seus três maiorais, sua magia brilha um pouco mais do que a dos outros posicionamentos. Você acredita que os feitiços e os rituais devam ser grandes apresentações, em que você é a atração principal. Você pode ser atraído pela magia do Fogo, por grandes rituais, métodos de adivinhação e grandes reuniões do coven. Você pode, na verdade, mergulhar na sua persona de "bruxa" por pura diversão e emoção. Veja como sua energia leonina se manifesta em diferentes posicionamentos.

Sol em Leão

O propósito de um Sol em Leão é brilhar intensamente e compartilhar com o mundo sua alegria natural, seu entusiasmo e seu esplendor. Artista nato, o Sol em Leão está sempre roubando a cena e o coração de todos. Ao comandar o coração e a mente das pessoas, esse Sol pode realmente encontrar seu lugar no mundo - e se divertir fazendo isso.

Dotado de cordialidade, bravura e espirituosidade, o leonino acredita que deve encarar cada dia como uma celebração. Embora adore uma boa festa, o Sol em Leão não é preguiçoso. Ele trabalha duro para deixar todo mundo feliz, oferecendo ideias criativas, risadas e até romance para manter o interesse. No entanto, ele pode facilmente se tornar dramático, dominador, narcisista e amargurado, especialmente se não receber a atenção que deseja. Leão realmente se doa, mas precisa de um pouco de amor em troca.

Se você tem o Sol em Leão, a lição da sua prática espiritual é celebrar a si mesma e sua magia plenamente. Não espere os aplausos dos outros. Você é uma bruxa poderosa e sabe disso.

Lua em Leão

Com o coração de um leão, a Lua em Leão tem fortes emoções, que motivam suas ações ao longo da vida. Para mudar seu modo de pensar, ela precisa mudar o modo como vê as situações. Acima de tudo, a Lua em Leão precisa de atenção positiva, reconhecimento e, sim, até aplausos para se sentir segura e protegida. Mesmo a Lua em Leão que não gosta de ficar sob os holofotes precisa se sentir apreciada para sentir felicidade. Ela precisa expressar sua criatividade e sentir ativamente seu eu mais autêntico. Para uma Lua em Leão, todo dia é uma aventura emocionante e, se ela não conseguir encontrar emoção e alegria, sentirá imenso prazer em criá-las. Líderes natas e orientadas para a ação, as Luas em Leão estão aqui para fazer um espetáculo: de personalidade, no mundo do entretenimento e como líderes de um grande público. Seu coração e suas emoções pertencem a todos.

Na sua melhor versão, as bruxas com a Lua em Leão são profundamente criativas quando se trata de magia e rituais; elas tornam divertido até mesmo o ritual mais árido da Wicca. Levam uma energia exuberante a cada feitiço que lançam. No entanto, podem ser muito mandonas e autoritárias nas reuniões do coven e cair na tentação de usar sua magia para obter um ganho pessoal.

Ascendente em Leão

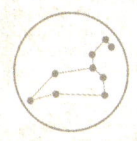

A primeira coisa que se pode notar num Ascendente em Leão é sua incrível cabeleira. Como a juba do leão que simboliza esse signo, o Ascendente em Leão usa o cabelo como uma coroa, fazendo as pessoas prestarem atenção nele. Normalmente o leonino é o centro das atenções, pois esse é o lugar favorito deles. Mesmo que não chame a atenção dos outros, as pessoas vão correr para ele, que irradia diversão, calor e uma energia vibrante com a sua poderosa presença. Ele fica mais feliz quando é o dono da situação, subindo no palco e assumindo o comando. Ele quer ser conhecido pela alegria que dá aos outros e saber que está deixando sua marca no mundo.

A bruxa com Ascendente em Leão parece inicialmente charmosa, influente e confiante, mas um pouco orgulhosa. No entanto, depois de passar algum tempo com ela, você descobrirá que ela é generosa, idealista, apaixonada e tem um grande coração. As bruxas com Ascendente em Leão costumam ser as primeiras que você vê se oferecendo como voluntárias para liderar o coven em rituais, especialmente se eles envolverem velas e o elemento Fogo.

Leão e a Magia

Se Leão é um dos seus três maiorais, provavelmente adota uma abordagem mais dramática em seu ofício, enriquecendo-o com instrumentos, leituras de tarô e um manto para vestir durante os rituais. Como bruxa, você sabe que essa performance faz parte do ofício e você adora fazer um espetáculo. Se estiver procurando adereços mais personalizados para destacar seu desempenho, use estes cristais, ervas e rituais.

Cristais para Leão

PIRITA: Apelidada de "ouro dos tolos", a pirita está associada ao elemento Fogo e gera paixão e energia interior. Bruxas com posicionamentos em Leão podem usar a pirita quando precisam de ajuda para remover barreiras criativas que impeçam a manifestação de prosperidade e para estimular a autenticidade e a criatividade. Mantenha um aglomerado de pirita em sua mesa para atrair novas oportunidades e prosperidade.

RUBI: Uma das pedras natais associadas a Leão, o rubi também é a pedra da nobreza graças às poderosas vibrações que ela emite (semelhantes às vibrações que os posicionamentos em Leão tendem a emitir). O rubi é um poderoso cristal de ancoramento, usado para incutir coragem, força, firmeza e gosto pela vida. Quando a vida ficar difícil, coloque um anel de rubi e siga em frente.

PEDRA DO SOL: Com o nome do planeta regente de Leão, a pedra do sol supostamente obtém suas energias vibrantes e alegres diretamente dos raios do sol. Como a pedra da liderança, a pedra do sol ajuda os posicionamentos em Leão a acessar seu poder pessoal, estabelecer conexões emocionais com as outras pessoas e assumir responsabilidades. Use uma coroa com uma pedra do sol quando estiver pronta para assumir o comando.

Ervas de Leão

CALÊNDULA: Também conhecida como malmequer, a calêndula traz oportunidades para ajudar os posicionamentos em Leão, um signo fixo, a sair da rotina e atrair novas oportunidades de mudança e crescimento. A calêndula traz energias quentes e suaves que nos alimentam e nos trazem oportunidades de riqueza, amor e energia positiva. Coloque algumas pétalas de calêndula no banho para atrair admiração e lhe conferir um brilho radiante.

ERVA-DE-SÃO-JOÃO: Muitas vezes colhida durante o Solstício de Verão (durante o período de Leão), a erva-de-são-joão traz felicidade, amor, proteção e força, e é muito usada em magia dos sonhos, feitiços de proteção e para banir energias negativas. Desidrate um pouco da erva e pendure na janela para se proteger de incêndios, raios, infortúnios e espíritos indesejáveis.

GIRASSOL: Associado à sorte, à verdade e à alegria, o girassol é a flor da lealdade, pois segue o Sol de Leste a Oeste todos os dias. Plante girassóis na frente da sua casa para levar energia positiva ao seu espaço.

Melhores tipos de feitiço e de magia para Leão

Magia do fogo, rituais performáticos, encantamentos para o sucesso e a prosperidade, afirmações positivas, magia do Sol, magia artística, magia de sinais, tigela tibetana

UM FEITIÇO PARA LEÃO

Para os posicionamentos ousados e dramáticos de Leão, cada feitiço e ritual deve ter a aparência de uma performance artística. Qual é o sentido de ser bruxa se você não vai se divertir com isso? Aqui está uma maneira geral de lançar feitiços que alimentará a necessidade de movimento de Leão e de dar um espetáculo, mesmo que seja apenas para si mesmo.

MATERIAIS

- Espaço para se movimentar
- Traje (uma roupa pouco convencional, que desperte a sua bruxa interior, ou apenas uma roupa na qual você se sinta bem)
- Intenção firme em mente

Opcional:
- Velas (de preferência representando os elementos Terra, Água, Fogo e Ar)
- Público
- Música
- Altar com pirita, rubi e pedra do sol

1 Defina seu "palco". Ele pode ser um palco de verdade ou pode ser o seu quarto, simplesmente. Se estiver trabalhando com velas, elas devem estar num lugar onde não possam ser derrubadas. Se você estiver trabalhando com cristais ou um altar, prepare-os agora.

2 Quando seu palco estiver montado, vista seu "traje". Pode ser uma roupa que faça você se sentir bem ou que faça parte do seu feitiço. Você pode trazer à tona a sua bruxa interior com uma roupa de bruxa, pode se vestir de rosa e vermelho se estiver em busca de amor ou pode até se vestir com a roupa que pretende ir na sua entrevista de emprego, caso o propósito do seu feitiço seja conseguir uma nova posição profissional. O que quer que lhe pareça bom e certo.

3 Se você prefere ter um público, peça-o para entrar agora, seja na vida real ou na plataforma de vídeo. Convide seu coven para assistir ao seu espetáculo.

4 Fique no centro do cômodo, com as mãos ao lado do corpo e os pés firmes no chão. Feche os olhos e imagine o resultado que você deseja obter com esse feitiço: um novo emprego, um novo amor, dinheiro, fama, o que quer que seja. Imagine isso em sua mente. Se você preparou uma música, agora é a hora de colocá-la para tocar.

5 Dance! Movimente o corpo no ritmo do feitiço que você está criando em sua mente. A dança não precisa ser coreografada nem precisa ser muito boa. Apenas movimente o corpo! Se estiver usando magia de sigilos (um símbolo criado e desenhado com intenção mágica), dance no padrão do sigilo que está usando no feitiço. Invoque os elementos, se desejar. Porém, acima de tudo, sinta-se livre. Cante. Repita algumas falas do seu filme favorito. O que quer que lhe pareça bom neste momento, faça.

6 Quando terminar, faça uma reverência às quatro direções (Leste, Sul, Oeste, Norte) para mostrar sua gratidão e, em seguida, fechar o círculo.

ascendant

Virgem

PRESTATIVO ✸ PRÁTICO ✸ DILIGENTE

PERÍODO: 23 de agosto a 22 de setembro
GLIFO: ♍
SÍMBOLO: Donzela
ELEMENTO: Terra
MODALIDADE: Mutável
PLANETA: Mercúrio
CASA: 6
PARTES DO CORPO: O trato digestivo
CORES: Azul-marinho, marrom, verde-oliva
RODA DO ANO: Transição do verão para o outono

Simbolizada pela donzela, o signo de Virgem é uma sacerdotisa de aparência onisciente quando guia seu coven até seus destinos mágicos. Você geralmente pode encontrar a bruxa virginiana debruçada sobre seus grimórios, praticando e aperfeiçoando seus rituais sagrados e estudando à luz de velas. Virgem não busca a posição de liderança, mas é a primeira pessoa a quem recorremos quando precisamos de conselhos, auxílio e um certo conjunto de habilidades que somente a Donzela Sacerdotisa pode oferecer. Virgem adora ser útil; ele trabalha duro para obter uma variedade de habilidades e informações diferentes para poder ajudar. Ele encontra propósito no ato de servir.

Os virginianos costumam parecer frios, distantes e críticos, mas essa não é uma avaliação justa. Eles geralmente se mantêm afastados do grupo porque seu trabalho é nos bastidores. Estão constantemente estudando, analisando e calculando o que as pessoas precisam para que possam oferecer o melhor. É assim que demonstram o seu amor.

O período de Virgem ocorre durante a transição do verão para o outono. Virgem observa as folhas mudarem de cor, reúne o que é útil do belo verão que passou e guarda isso para o próximo outono.

Virgem no Mapa Natal

Se Virgem é um dos seus três maiorais, você tem uma abordagem metódica quando se trata do seu ofício. Pode tentar fazer um feitiço duas vezes: uma vez seguindo o livro e outra vez acrescentando seu toque pessoal para tornar o feitiço perfeito. Você pode ser atraída por formas mais "práticas" de magia, como a fitoterapia, a magia de cozinha, os feitiços com chás e rituais diários. Veja a seguir como sua energia virginiana se manifesta em diferentes posicionamentos.

Sol em Virgem

O propósito de um Sol em Virgem é trabalhar em algo significativo. Os virginianos são trabalhadores incrivelmente esforçados e podem facilmente se tornar viciados em trabalho. No entanto, para um Sol em Virgem ser verdadeiramente feliz, ele precisa estar trabalhando em algo que tenha um valor tangível. Quer sejam médicos curando doentes, pesquisadores desvendando os mistérios do universo, escritores contando suas histórias ou bruxas trabalhando em seu ofício, todos os sóis em Virgem trabalham para alcançar um objetivo e é nesse trabalho que encontram significado.

A Deusa dotou os sóis em Virgem com praticidade, diligência, eficiência e um raciocínio rápido que os torna charmosos e pode aliviar os egos feridos provocados pelos julgamentos, opiniões hipercríticas e exageros desse signo solar. O perfeccionismo de Virgem é tanto uma força quanto uma deficiência. Esses nativos querem que as coisas sejam o melhor que podem ser, mas não poupam nem os outros nem a si mesmos ao apontar falhas, reais ou imaginárias. É sua missão tentar equilibrar seu desejo de fazer as coisas com perfeição, em vez de apenas fazê-las da maneira certa.

Se você é um Sol em Virgem, a lição da sua prática espiritual é aprender a dominar seu ofício sem que ele o consuma.

Lua em Virgem

A Lua de Virgem lida com as emoções da mesma forma que lida com todos os outros aspectos da vida: de maneira metódica. Essa bruxa é provavelmente uma das melhores pessoas a quem recorrer numa crise, pois ela enfrenta até as situações mais difíceis com racionalidade e praticidade, além de ser criativa o suficiente para apresentar soluções únicas. É quando não está resolvendo uma crise que Virgem se sente inquieto, e cada pequena inconveniência é motivo de angústia.

Uma Lua em Virgem não precisa apenas de um plano B para se sentir confortável; ela precisa de um plano B para o seu plano B. Ela também é uma buscadora de conhecimento, que quer acumular o máximo de informações para usar em sua vida diária. A Lua em Virgem não tem medo do trabalho duro; ela realmente se sente melhor quando pode ser útil, embora possa ficar obcecada com os detalhes.

Na sua melhor versão, as bruxas com Lua em Virgem usam sua magia para ajudar os outros; elas são firmes em seu fluxo mágico natural e têm facilidade para criar feitiços. Na sua pior versão, a energia nervosa dessas bruxas afeta sua magia e elas podem ser excessivamente críticas com os membros do seu coven.

Ascendente em Virgem

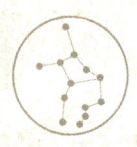

Você pode não notar um Ascendente em Virgem à primeira vista, mas ele certamente notará você. Embora não seja o centro das atenções em festas ou reuniões sociais, essa bruxa estará nos bastidores, observando e analisando a todos. Mesmo antes de falar com você, ela provavelmente já sabe seu nome, com que você trabalha e o que gosta de fazer, com base no que captou simplesmente observando. Geralmente, você pode encontrá-la imersa em pensamentos enquanto estuda o ambiente ou assume o comando atrás do palco, certificando-se de que tudo seja feito da maneira *correta*. O Ascendente em Virgem tem a reputação de ser perfeccionista e extremamente crítico, além de reparar em todas as falhas. No entanto, ele só quer ser conhecido por dominar sua área de especialização, seja escrevendo um *best-seller* ou fazendo a melhor torta de maçã da vizinhança. Se ele for bem-sucedido naquilo em que se esforça, brilhará como uma estrela.

A bruxa com Ascendente em Virgem inicialmente parece tímida, fria e excessivamente crítica. Mas, quando finalmente se interessa por alguém, você verá que ela pode ser prestativa, gentil e absolutamente espirituosa. Essa bruxa pode ser atraída por práticas mágicas que a ajudem a acalmar sua mente ansiosa e a realizar as tarefas habituais da vida diária.

Virgem e a Magia

Se você precisa de um feitiço para ontem, procure uma bruxa com posicionamentos em Virgem, pois ela sempre tem uma magia pronta na manga. Embora os virginianos possam usar melhor sua energia escrevendo, eles também podem usar sua natureza prática para analisar livros sobre a Wicca e usar as melhores práticas em sua magia. Use estes cristais, ervas e rituais para impulsionar seu próprio ofício.

Cristais para Virgem

AMAZONITA: Pedra da comunicação, a amazonita é uma pedra terrosa que recebeu o nome do rio Amazonas. Ela ajuda a atrair energias calmantes, o que ajuda muito a serenar a energia ansiosa e obsessiva de Virgem. A amazonita pode ajudar as bruxas com posicionamentos em Virgem a aceitar a imperfeição e a cultivar amor-próprio e compaixão. Use um colar de amazonita para acalmar sua ansiedade quando compartilhar seus pensamentos.

ÁGATA MUSGO: Quando o virginiano sério precisa se abrir, ele pode recorrer a uma pedra de ágata musgo, que é um calmante natural capaz de desbloquear seu lado emocional e ajudá-lo a entrar em contato com seus sentimentos. Esse também é um ótimo cristal para definição de metas, autoaperfeiçoamento e algum encorajamento muito necessário. Coloque uma pedra de ágata musgo em seu altar para ajudá-la a atingir seus objetivos.

PERIDOTO: Uma das pedras natais associadas a Virgem, o peridoto é a melhor pedra para purificar a energia, pois ela age no corpo, na mente e no espírito, eliminando a negatividade – algo que o organizado Virgem pode realmente apreciar. O peridoto representa renascimento, crescimento e cura, pois ele abre o coração e a mente. Use uma pulseira de peridoto para ter sucesso.

Ervas para Virgem

CENTÁUREA: Com um dos mais belos tons de azul da natureza, a centáurea é uma flor deslumbrante. Ela também apresenta uma variedade de benefícios mágicos que os posicionamentos em Virgem podem apreciar em sua vida diária, incluindo o aprimoramento de habilidades psíquicas, autoconhecimento, abundância, amor e criatividade. Ferva as pétalas e use-as como tinta para escrever seus feitiços e manifestações, ou empregue-as para rituais de escrita psíquica automática (escrita livre para fins de adivinhação).

RAIZ DE ALCAÇUZ: A raiz de alcaçuz é um dos remédios fitoterápicos mais antigos do mundo, mas ela não tem o gosto da bala de alcaçuz (que na verdade é aromatizada com anis). A raiz de alcaçuz é usada com frequência em rituais de cura, que podem acalmar o virginiano preocupado com a saúde. Esta erva também está associada à luxúria, à paixão, ao amor, à amarração e ao controle. Faça um chá de alcaçuz para beber enquanto se esforça para alcançar seus objetivos, para ajudá-lo a ativar o seu poder pessoal.

ESCUTELÁRIA: Erva da família da hortelã, a escutelária é excelente para acalmar a mente, pois promove a paz e a tranquilidade. Esta erva é muito usada em feitiços de amarração e para ajudar a manter os pés no chão em qualquer situação. Antes de dormir, coloque um pouco de escutelária no travesseiro para relaxar.

Melhores tipos de feitiços e magia para Virgem

Rituais mundanos, feitiços de cura, escrita psíquica automática, criação de feitiços, fitoterapia, Bruxaria ecológica, magia de manifestação, feitiços para encontrar trabalho, feitiços da prosperidade

UM FEITIÇO PARA VIRGEM

As bruxas com posicionamentos em Virgem precisam de rituais e rotinas para se sentirem em paz nesta vida. No entanto, ao contrário de Leão, que precisa de pompa e circunstância quando faz suas apresentações, Virgem fica mais do que feliz em trabalhar no plano mais mundano. Aqui está um ritual do chá simples, para fazer todas as manhãs, que iluminará e acalmará o dia do virginiano, para que ele comece com o pé direito.

MATERIAIS

- ½ xícara de chá preto
- ¼ xícara de centáurea desidratada
- 1/8 xícara de escutelária desidratada
- 1/8 xícara de raiz de alcaçuz desidratada
- Frasco hermético médio
- Colher de chá
- Xícara de chá
- Infusor de chá

1 Junte o chá preto, a centáurea, a escutelária e a raiz de alcaçuz na frente do frasco.

2 Pegue o chá preto na mão e diga: "Com este chá preto, eu invoco os espíritos para me darem clareza, energia e um lugar estável para me ancorar todos os dias". Despeje o chá no frasco. Pegue a centáurea e diga: "Com esta centáurea, eu invoco os espíritos para me dar criatividade e visão". Coloque a erva no frasco. Pegue a escutelária e diga: "Com esta escutelária, eu invoco os espíritos para me aterrar e me relaxar durante o dia". Coloque-a no frasco. Por fim, pegue a raiz de alcaçuz e diga: "Com esta raiz de alcaçuz, eu invoco os espíritos para me ajudar a ter mais controle sobre a minha vida e a encontrar meu próprio poder". Coloque a raiz no frasco.

3 Com a colher, misture as ervas enquanto diz: "Com o poder dos elementos, bebo esta mistura para me dar a força, a clareza e a energia que mereço. A cada gole, vou me aproximar mais da minha melhor prática e da melhor versão de mim". Feche o frasco.

4 Na manhã seguinte, pegue sua xícara favorita e coloque uma colher de sopa da mistura de chá no infusor de chá. Prepare o chá como de costume, pensando no dia que tem pela frente.

5 Quando o chá estiver pronto, mexa-o três vezes, no sentido horário, dizendo a cada vez: "Com esta infusão, começarei meu dia purificada, centrada e sábia".

6 Beba o chá tranquilamente enquanto se prepara para começar o dia. Repita todas as manhãs.

Truques de Magia

- Se você quiser praticar a adivinhação todas as manhãs, esqueça o infusor, despeje o chá a granel na xícara e beba dessa maneira. Quando terminar, faça uma leitura das folhas de chá.
- Enquanto toma o chá, medite e visualize o dia seguinte.
- Se você não bebe chá, faça o mesmo ritual com café.

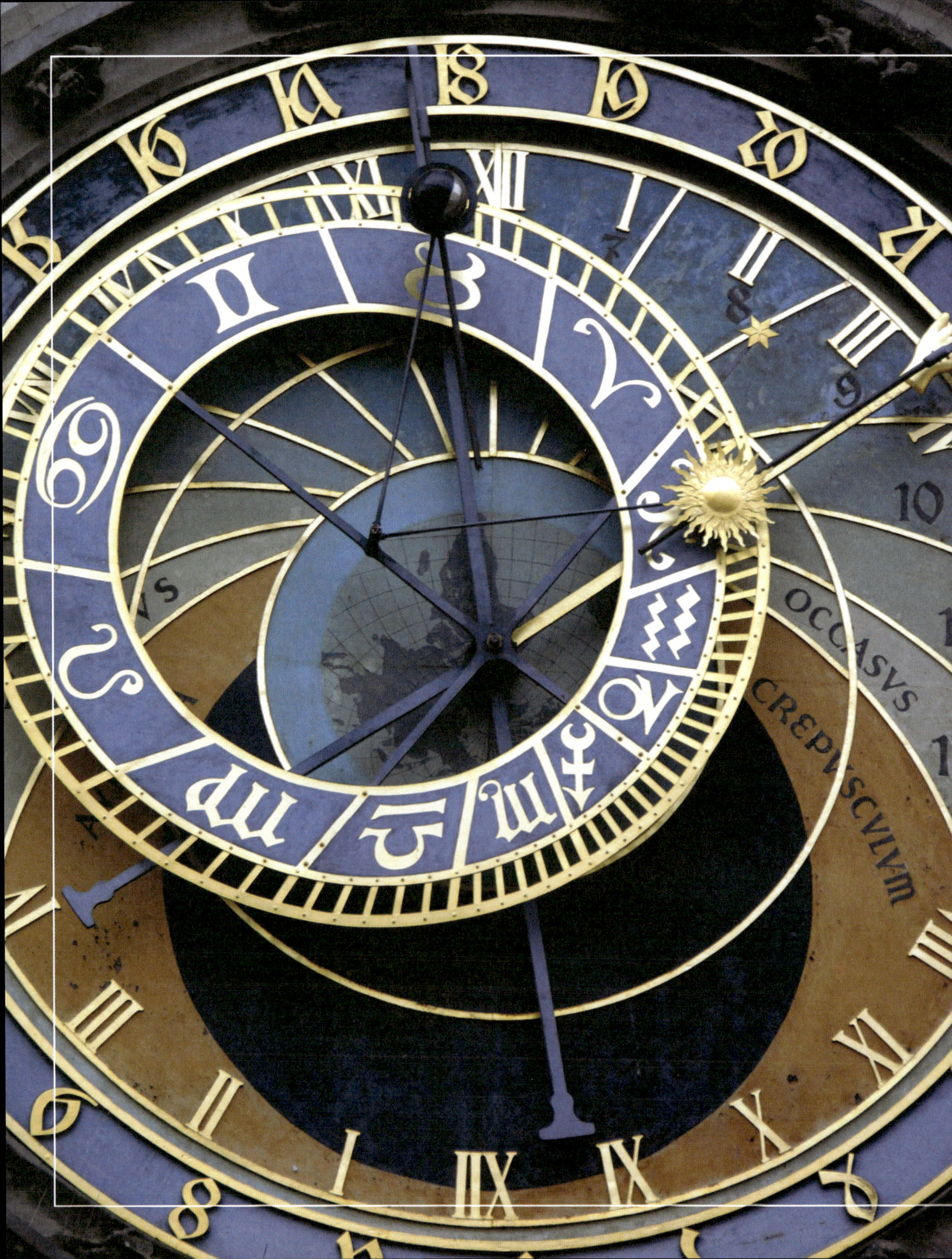
OCCASVS
CREPVSCVLVM

LIBRA

ROMÂNTICO ✶ CHARMOSO ✶ JUSTO

PERÍODO: 23 de setembro a 22 de outubro
GLIFO: ♎
SÍMBOLO: Balança
ELEMENTO: Ar
MODALIDADE: Cardinal
PLANETA: Vênus
CASA: 7
PARTES DO CORPO: Rins, região lombar, pele
CORES: Cor-de-rosa, azul-claro, lavanda
RODA DO ANO: Mabon (Equinócio de Outono)

Abençoados com graça, charme e um *glamour* que atrai facilmente as pessoas, os librianos têm o poder inigualável de uma estrela. Eles são dotados de elegância social, com a dose perfeita de charme para torná-los simpáticos desde o momento em que se apresentam - principalmente porque são sábios o suficiente para manter a boca fechada (caso a situação não exija o contrário).

No entanto, não pense que esse signo regido por Vênus tem apenas um rostinho bonito. Ele é movido pela necessidade que tem de justiça e harmonia. Não suporta ver uma injustiça e fará tudo que estiver ao seu alcance para consertar as coisas. É por isso que ele demora tanto para tomar uma decisão; tem tanto medo de fazer a escolha errada ou cometer uma injustiça que sofre só de pensar nessa possibilidade. Ele precisa estudar, pensar e conversar com todos os lados antes de chegar a uma decisão razoável.

O período de Libra começa em Mabon, o festival wiccano que celebra o Equinócio de Outono. Esse equinócio representa perfeitamente o desejo de equilíbrio dos librianos, já que o dia e a noite têm a mesma duração. Em Mabon, celebramos a segunda colheita e refletimos sobre o que já aprendemos e em que aspecto crescemos. É um momento de diversão, mas também de preparação para o inverno que se avizinha. Libra pode aproveitar o momento presente, mas também sabe estocar o necessário para o futuro.

Libra no Mapa Astral

Se Libra é um dos seus três maiorais, seu ofício tem uma abordagem mais estética. Você quer que as coisas sejam bonitas e isso inclui desde a aparência do seu altar até a estética do seu feitiço (eles precisam ter uma qualidade "digna de Instagram"). Confira como sua energia libriana se manifesta em diferentes posicionamentos.

Sol em Libra

O propósito do Sol em Libra é trazer beleza e harmonia para o mundo. Esses nativos são nossos artistas e inventores, mas também nossos juízes, advogados, diplomatas e casamenteiros. Preparando poções de amor e feitiços de *glamour*, a bruxa com Sol em Libra só quer deixar todos felizes e dar o melhor de si.

O Sol em Libra brilha mais quando se dispõe a conhecer pessoas enquanto se dedica a um assunto. Ele resolve a maioria dos problemas rapidamente, apenas com sua disposição para fazer ajustes e concessões. Ouve de bom grado o ponto de vista de qualquer pessoa e fica feliz em tomar uma decisão que beneficie a todos. Embora o Sol em Libra às vezes possa ser presunçoso, indeciso e codependente, na sua melhor versão ele é atencioso, pacífico, charmoso e idealista.

Se você tem Sol em Libra, a lição da sua prática espiritual é encontrar maneiras de usar sua magia para fazer brilhar sua própria luz radiante.

Lua em Libra

A Lua em Libra é mais equilibrada do que a maioria das outras Luas. Ela tem uma inteligência emocional e uma lógica fria que a impede de perder o controle ou ter rompantes de paixão. No entanto, o que ela não suporta é o conflito. Pode sentir intuitivamente quando as coisas estão desequilibradas, o que lhe causa grande ansiedade. Ela precisa fazer as pazes, criar harmonia, mesmo que tenha que pagar um alto preço por isso. Todavia, seu charme pessoal e diplomacia nata aumentam muito a probabilidade de ela se dar bem com todo mundo. Para uma bruxa com a Lua em Libra se sentir feliz, ela precisa estar cercada de beleza. Quer esteja fazendo arte, comprando móveis ou vestindo roupas elegantes, ela só fica tranquila quando está perto de coisas que tenham uma boa aparência ou passem uma boa impressão.

Na sua melhor versão, as bruxas com a Lua em Libra são adaptáveis em seu ofício, adotam uma abordagem artística ao lançar feitiços e usam seus encantos para conquistar os membros do coven. Na sua pior versão, elas podem ser dependentes de outras bruxas, ter dificuldade em decidir sobre um feitiço e ser um pouco frívolas.

Ascendente em Libra

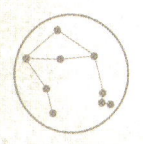

A primeira coisa que você vai notar sobre o Ascendente em Libra é o quanto gosta dele. Você pode até não ser capaz de explicar o motivo, mas simplesmente se sente atraído por esse sujeito. Esse é o dom do Ascendente em Libra, que o leva a travar relacionamentos com facilidade, sejam eles de amizade ou amorosos. Suas roupas são sempre elegantes, sua casa é bem decorada e seus parceiros são bonitos. Isso pode parecer superficial, mas os Ascendentes em Libra simplesmente amam a beleza, além de serem muito agradáveis, pois a paz e a harmonia são seus principais motivadores. O lema deles é: "O que quer que você queira fazer, para mim está ótimo!"

As bruxas com esse Ascendente concordam alegremente com a cabeça quando alguém está falando, mesmo quando não estão de acordo. Se ocorrer uma discussão, elas farão o que for preciso para pôr um fim nela, desde causar distrações até se afastar da situação.

Quando conhece um Ascendente em Libra, você pode considerá-lo atraente, charmoso e sociável, mas percebe que ele está sempre tentando agradar às pessoas e é um pouquinho superficial. No entanto, depois de conhecê-lo, de fato, você descobre que ele é justo, artístico e otimista. Uma bruxa com Ascendente em Libra será atraída por feitiços de *glamour*, rituais para atrair grandes doses de amor e trabalhos feitos em equipe.

Libra e a Magia

Os posicionamentos em Libra podem manifestar sua magia trabalhando em parceria com outra bruxa confiável. Eles costumam usar sua magia para ajudar a manter sua vida equilibrada e para criar harmonia. Se você deseja adicionar um pouco de si mesma ao seu ofício, experimente esses cristais, ervas e rituais.

Cristais para Libra

AMETRINA: Para os posicionamentos em Libra que simplesmente não conseguem se decidir, a ametrina é o melhor de dois mundos, uma mistura de citrino e ametista. Como o signo de Libra, a ametrina é ótima para trazer equilíbrio, especialmente quando se trata de emoções. Perfeita para os librianos, esta pedra pode ajudá-la a tomar decisões e a se dispor a agir. Libra vai gostar deste cristal exclusivo por sua capacidade de combater conflitos, superar mudanças e aumentar a compatibilidade. Mantenha uma pedra de ametrina na mão quando tiver que tomar uma decisão importante.

TURMALINA ROSA: Até mesmo o galanteador libriano pode ter seu coração partido de vez em quando. Quando isso acontece, os posicionamentos em Libra devem lançar mão da turmalina rosa para embalar seu coração ferido e curá-lo. Representando o amor pela humanidade, a turmalina rosa pode ajudar a curar o coração e melhorar a percepção, enquanto restauramos a harmonia em nossa vida. Coloque uma pedra de turmalina rosa em seu altar para estimular o amor-próprio e a cura.

SAFIRA: Uma das pedras natais associadas a Libra, a safira é a pedra da sabedoria, que incentiva conversas estimulantes e afasta pensamentos indesejados. A safira também é a pedra da propriedade, trazendo alegria, felicidade e sorte. Use um par de brincos de safira nas festas para se divertir e passar algumas horas estimulantes.

Ervas para Libra

MARACUJÁ: Apesar de ser chamada de "flor-da-paixão", a flor do maracujá não desperta fortes emoções. Por ser um signo do Ar, Libra tem uma mente perspicaz que muitas vezes pode ficar sobrecarregada. O maracujá pode ajudar o libriano a lidar com o estresse, acalmando a mente, o que faz dele o remédio ideal. Se quiser relaxar, queime um pouco de incenso de maracujá após um dia tumultuado.

ROOIBOS: O rooibos produz um saboroso chá de ervas que os posicionamentos em Libra vão adorar pela sua linda cor rosa-avermelhada. Conhecido como "arbusto vermelho" na África do Sul, o rooibos é um chá rejuvenescedor que pode trazer paz interior, energia, coragem, força e determinação. Também é conhecido como um tônico para o coração, que ajuda na cura e longevidade. Beba uma xícara de chá de rooibos para ter mais força e energia.

VIOLETA: Uma linda flor para um signo regido pela deusa da beleza, a violeta não é apenas bonita de se ver. Ela promove proteção, inspiração e desejos, o que faz dela a flor perfeita para os posicionamentos em Libra. A pacífica libriana desfrutará da harmonia e da fidelidade que o violeta pode trazer para a sua vida. Mergulhe algumas violetas no leite morno e use esse leite para enxaguar o rosto e ter beleza e *glamour* (só não beba esse leite depois!).

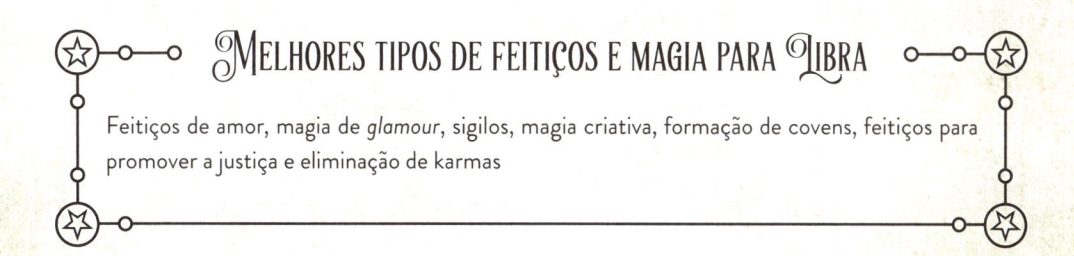

Melhores tipos de feitiços e magia para Libra

Feitiços de amor, magia de *glamour*, sigilos, magia criativa, formação de covens, feitiços para promover a justiça e eliminação de karmas

UM FEITIÇO PARA LIBRA

Regidos por Vênus, o planeta da arte e da beleza, os librianos têm uma natureza artística que os torna muito criativos. Incorpore esse lado artístico ao seu ofício com este feitiço inventivo, que a estimula a brincar e fazer magia.

MATERIAIS

- Tintas aquarelas ou acrílicas (qualquer cor que você queira, mas inclua o branco, o azul, o vermelho, o amarelo e o verde)
- Pincel
- Copo com água
- 1 tela em branco

1. Organize as tintas amarela, vermelha, azul, verde e branca na sua frente. Molhe o pincel, mergulhe-o na tinta amarela e dê uma leve pincelada na tela enquanto diz: "Eu invoco o elemento Ar para tornar minha imagem transparente e verdadeira".

2. Limpe o pincel na água e repita o passo 1, mas agora com a cor vermelha, dizendo: "Eu invoco o elemento Fogo para deixar minhas ideias e minha paixão brilharem intensamente em meu trabalho criativo".

3. Limpe o pincel e repita o passo 1 com a cor azul, dizendo: "Eu invoco o elemento Água para deixar minhas verdadeiras emoções livres para se expressarem dentro de mim e apenas na tela".

4. Limpe o pincel e repita o passo 1 com a cor verde, dizendo: "Eu invoco o elemento Terra para tornar minhas visões realidade e me ancorar na minha prática artística".

5. Quando terminar, cubra as pinceladas com tinta branca, dizendo: "Com esta tinta, estou selando a energia dos meus elementos interiores".

6 Agora comece a pintar! Você pode criar a imagem que quiser. Se estiver tentando manifestar algo, pinte isso. Se estiver usando magia de sigilo, pinte o sigilo. Ou apenas se solte e faça uma arte abstrata, deixando as cores e vibrações guiarem você. Você não precisa ser uma artista talentosa. Apenas imagine que, a cada pincelada, está canalizando sua magia do pincel para a tela.

7 Quando terminar, assine seu nome na parte inferior, selando o seu feitiço. Ao assinar, diga: "Com minha assinatura, que assim seja".

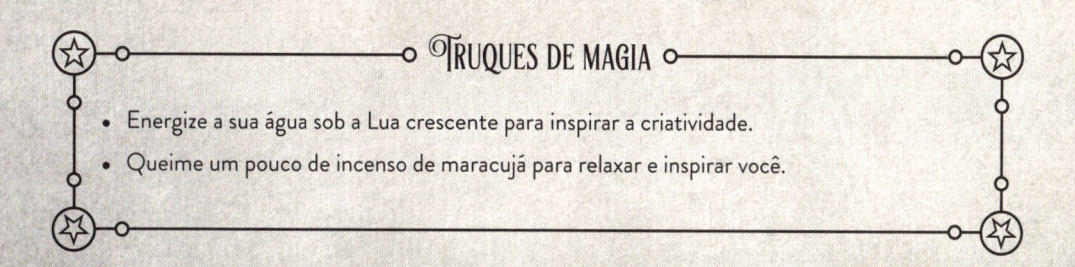

TRUQUES DE MAGIA

- Energize a sua água sob a Lua crescente para inspirar a criatividade.
- Queime um pouco de incenso de maracujá para relaxar e inspirar você.

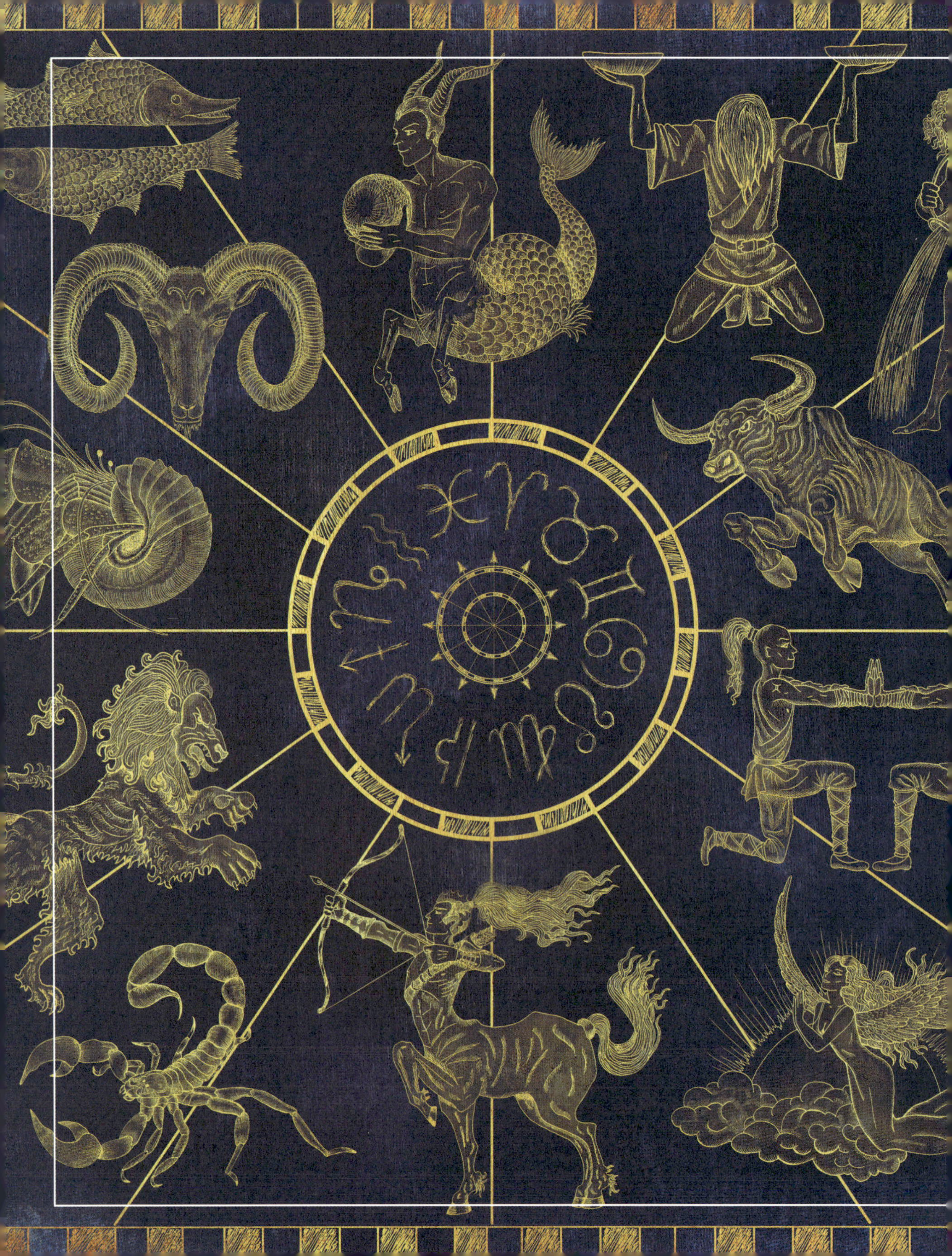

Escorpião

MAGNÉTICO ✶ MOTIVADO ✶ PODEROSO

PERÍODO: 23 de outubro a 21 de novembro
GLIFO: ♏
SÍMBOLO: Escorpião
ELEMENTO: Água
MODALIDADE: Fixo
PLANETA: Marte
CASA: 8
PARTES DO CORPO: O sistema reprodutor
CORES: Preto, vermelho, marrom
RODA DO ANO: Samhain

A bruxa de Escorpião é a melhor personificação da bruxa: abençoada com uma aura misteriosa, uma mente astuta e o tipo de intensidade natural que tanto seduz quanto assusta. Escorpião não tem medo de explorar o lado sombrio da vida, pois é onde a verdade da vida está escondida, e essa verdade secreta tem poder. Escorpião prefere a estratégia "devagar e sempre", para poder alcançar o que deseja. O poder desse ritmo reside em sua capacidade de ir mais fundo, tramar com mais ardor e concentrar seu poder com precisão exata.

Escorpião não age por impulso; ele toma uma decisão com cuidado e depois fica à espreita, aguardando o momento perfeito para atacar. Não mexa com um nativo desse signo; ele não perdoa facilmente e retribui cada deslize com um ímpeto três vezes maior. Como amante, ele ama profundamente, mas guarda rancor.

Na Roda do Ano, o festival de Samhain é celebrado no dia 31 de outubro, bem na metade do período de Escorpião. Durante o Samhain, os véus entre o reino humano e o espiritual estão mais tênues, por isso celebramos com rituais em homenagem aos mortos, celebrando a vida e nos preparando para o fim da estação da colheita. Escorpião abraça a transformação: do nascimento à idade adulta, da vida à morte, da pobreza à riqueza. Escorpião entende os ciclos da vida: quando uma jornada termina, outra logo começa; esse é o poder do infinito.

Escorpião no Mapa Natal

Se Escorpião é um dos seus três maiorais, sua bruxa interior pode ser mais forte em diferentes áreas: você pode parecer uma bruxa de Ascendente em Escorpião ou pode lançar feitiços usando emoções fortes com uma Lua em Escorpião. Veja como sua energia escorpiana se manifesta.

Sol em Escorpião

O propósito de um Sol em Escorpião é explorar a fundo as sombras (a parte mais sombria da humanidade ou da sua própria natureza), para chegar à verdade. O Sol em Escorpião é conhecido pela sua intensidade, sua paixão e seu poder de não se deixar ser influenciado por nada que não sejam suas convicções firmemente arraigadas e que o orientam na vida. Ele não se esquiva das partes confusas, sórdidas e caóticas da vida; na verdade, sente-se atraído por elas. Seu verdadeiro poder vem da sua capacidade de suportar as piores batalhas da vida e sobreviver.

Tudo isso parece muito dramático, mas Escorpião convive muito bem com o drama da vida. Ele também se interessa em saber o que acontece quando a vida acaba. Ele não tem medo de ir fundo e explorar as profundezas de tudo o que veio antes de nós e do que virá depois. Embora possessivo, manipulador, intrigante e intenso a ponto de ser destrutivo, na sua melhor versão, o Sol em Escorpião é protetor, poderoso, inteligente e ambicioso.

Se você tem o Sol em Escorpião, a lição para sua jornada espiritual é abraçar as sombras da vida sem se perder na escuridão.

Lua em Escorpião

Sentimentos e emoções ganham intensidade na Lua em Escorpião. Cada sentimento é profundo e extremo, motivando todas as suas ações, do amor à vingança. A dor se torna um propósito e o amor se torna devoção. A Lua em Escorpião não faz nada pela metade; sua mentalidade do tipo tudo ou nada pode ser seu maior trunfo, mas também a causa da sua ruína, e é por isso que ela esconde as emoções. Apesar da sua intensidade, a Lua em Escorpião não se afunda em seus sentimentos como os outros signos. Em vez disso, ela usa suas emoções para se transformar. Já vivenciou abuso, infortúnio e escuridão e venceu essas experiências como um verdadeiro campeão.

Na sua melhor versão, a bruxa com a Lua em Escorpião é determinada em seu ofício, pensando profundamente em suas crenças e em como pode usar a magia para manifestar suas criações. No entanto, ela também pode reprimir seu poder mágico, ficar obcecada pelo seu ofício ou guardar ressentimento de outras bruxas.

Ascendente em Escorpião

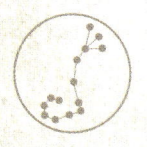

O Ascendente em Escorpião tem uma aura poderosa, que todo mundo sente assim que entra no mesmo ambiente. Até o Ascendente em Escorpião de aparência mais despretensiosa tem uma vantagem sobre os demais, que atrai ou perturba as pessoas (mesmo que não consigam identificar o motivo). O Ascendente em Escorpião quer ser reconhecido pela sua habilidade de ressurgir das cinzas e se transformar em algo raro e poderoso. Nunca subestime um Ascendente em Escorpião. Mesmo que esteja no fundo do poço, ele pode a qualquer momento fazer sua grande jogada e voltar ao topo, mais forte do que nunca. Sua resiliência é inigualável quando se trata de conseguir o que deseja - mesmo que isso o destrua.

O Ascendente em Escorpião parece a princípio intenso e taciturno e causa uma forte impressão com seu magnetismo misterioso. Mas, se conseguir que ele baixe a guarda, verá que é paciente, perspicaz e emocionalmente forte. O ascendente em Escorpião parece, de fato, uma bruxa, seja lançando feitiços, realizando rituais ou lançando maldições em seus inimigos.

Escorpião e a Magia

Os posicionamentos em Escorpião podem manifestar sua magia em quase tudo o que fazem, desde montar um altar dedicado ao seu ofício até amaldiçoar todos que os prejudicaram. A magia de Escorpião, porém, não se resume a acertar as contas. Ele também usa sua magia para explorar seus poderes mais elevados. Aqui estão os cristais, as ervas e os rituais para ajudar nisso.

Cristais para Escorpião

LABRADORITA: Pedra da transformação, a labradorita é um cristal calmante, que pode ser usado para afastar a energia negativa e transmutar as vibrações ruins em vibrações positivas. Como Escorpião, a labradorita é uma buscadora da verdade, capaz de chegar ao cerne de toda e qualquer questão para descobrir as profundezas ocultas do subconsciente. Use um colar de labradorita quando estiver à procura da verdade numa situação.

SODALITA: Pedra harmonizadora, a sodalita propicia uma energia calmante quando um posicionamento em Escorpião fica muito envolvido em seus planos de dominar o mundo. Embora alivie a mente, ela também pode ajudar a desvendar as leis sagradas do universo, algo que Escorpião está sempre se esforçando para decifrar. Medite com uma sodalita quando estiver com receio de não conseguir se ancorar no mundo físico.

TOPÁZIO AMARELO: Uma das pedras natais associadas a Escorpião, o topázio amarelo é a pedra da manifestação, que nos estimula a transformar nossos objetivos em realidade. Escorpião está sempre em meio a uma transformação e o topázio amarelo pode ajudá-lo a ter mais clareza e encorajá-lo a alcançar seu maior potencial. Use uma pulseira de topázio amarelo quando precisar de uma dose extra de autoconfiança.

Ervas para Escorpião

MANJERICÃO: De acordo com o folclore europeu, o manjericão pertencia a Satanás e era preciso amaldiçoar o solo ao plantá-lo para que ele crescesse em todo o seu esplendor. Embora isso possa não ser verdade, é o tipo de reputação que um Escorpião apreciaria. O manjericão pode ajudar a focar a mente e trazer amor, felicidade e dinheiro para sua vida. Leve uma folha de manjericão na carteira ou na bolsa para atrair dinheiro.

COENTRO: Os escorpianos costumam guardar segredos e, ao mesmo tempo, buscam a verdade, por isso são naturalmente atraídos pelo coentro, uma erva mágica usada tanto para adivinhação quanto para preservar segredos. Bruxas com posicionamentos em Escorpião vão adorar esse tempero por suas propriedades mágicas, incluindo a clarividência, a prosperidade, a paixão e a retenção de memória. Queime um pouco de coentro (especialmente no quarto) para trazer mais paixão à sua vida.

ABSINTO: Não se deixe enganar pelo nome; não estou me referindo à bebida destilada que alguns chamam de "Fada Verde", mas a uma erva poderosa que pode nos conectar com o reino espiritual. As bruxas com posicionamentos em Escorpião podem usar o absinto para comungar com os espíritos e aumentar sua capacidade psíquica e proteção. Coloque flores e folhas de absinto num sachê para proteção contra acidentes.

Melhor tipo de feitiços e magia para Escorpião

Adivinhação, clarividência, leituras de vidas passadas, herbalismo, criação de poções, feitiços de banimento, trabalho com sombras, feitiços da sorte, magia sexual

Um Feitiço para Escorpião

As bruxas com posicionamentos em Escorpião nunca se esquecem e nunca perdoam; essa é parte da razão por que elas podem ser tão assustadoras. No entanto, os escorpianos seriam muito mais felizes e capazes de se concentrar em seus objetivos (como dominar o mundo) se aprendessem a deixar algumas coisas para trás. Aqui está um feitiço para que consigam seguir em frente com o coração em paz.

MATERIAIS

- Um lugar tranquilo onde você não será perturbada
- Uma folha de papel em branco
- Marcador preto (para banir a negatividade e libertar-se do passado)
- Tigela com água fresca energizada sob a Lua minguante

1 No papel, escreva a situação que você não consegue deixar no passado. Entre em detalhes. Como ela a faz se sentir? Você pode ser criativa e incluir um desenho, um sigilo ou mesmo golpear a folha com uma faca. Faça o que lhe vier à cabeça.

2 Quando tiver tudo pronto, dobre o papel ao meio. Depois dobre-o novamente e mais uma vez. Cada vez que você dobrar, imagine a situação ficando cada vez menor, deixando de ocupar tanto espaço na sua vida.

3 Após dobrar o papel o máximo que puder, segure-o sobre a água e diga: "Eu olho esta raiva, esta tristeza, esta dor e as deixo ir. Envio você de volta ao lugar de onde veio. Seu problema não vai mais me incomodar. Para o meu mais elevado bem, que assim seja".

4 Mergulhe o papel na água, deixando-o completamente submerso; observe a tinta do marcador desbotar. Quando o papel estiver tão encharcado que as inscrições não puderem mais ser lidas, despeje a água na pia e jogue o papel fora. Agora você pode seguir em frente.

Truques de Magia

Acenda velas brancas e destrua o papel para ter paz na sua vida.

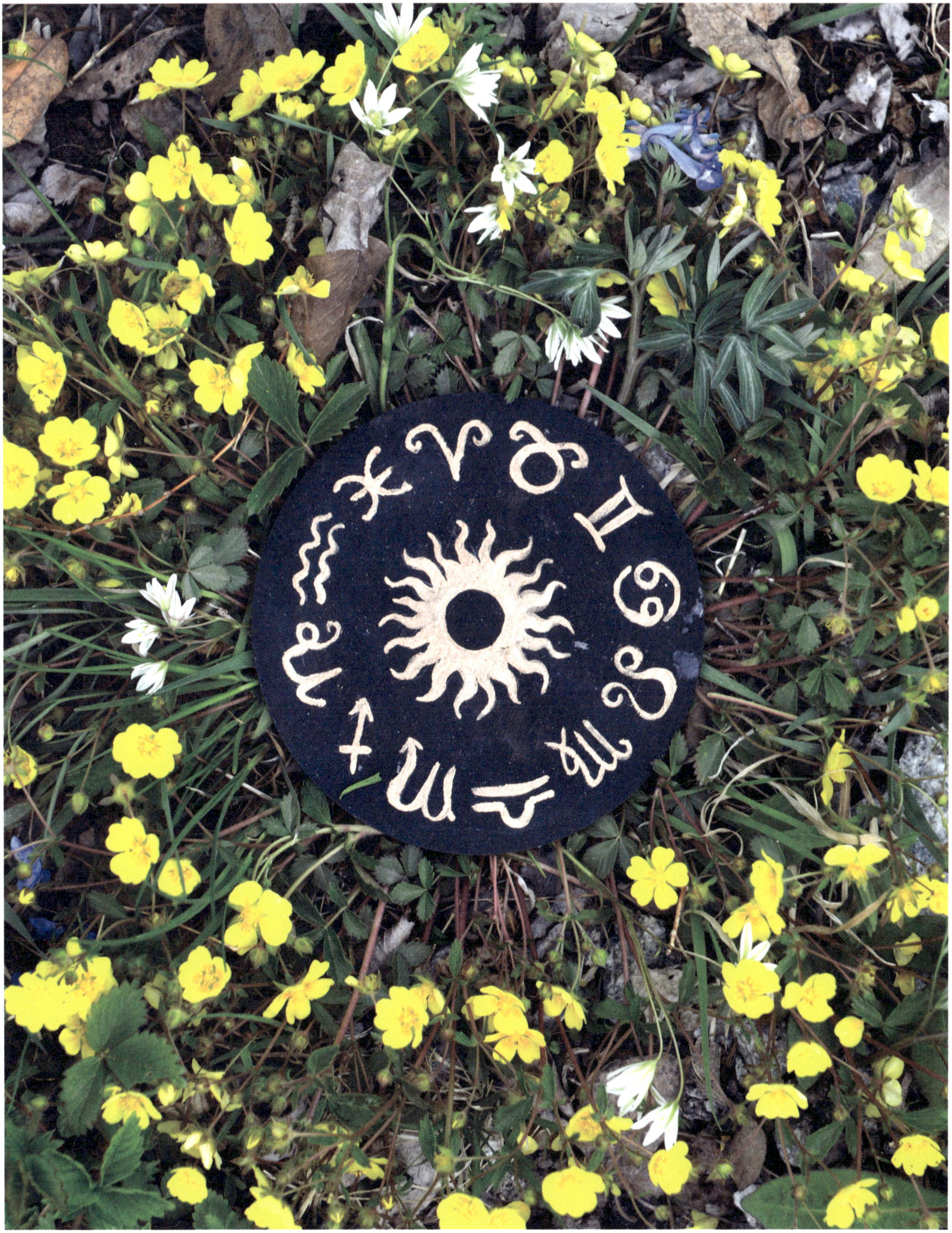

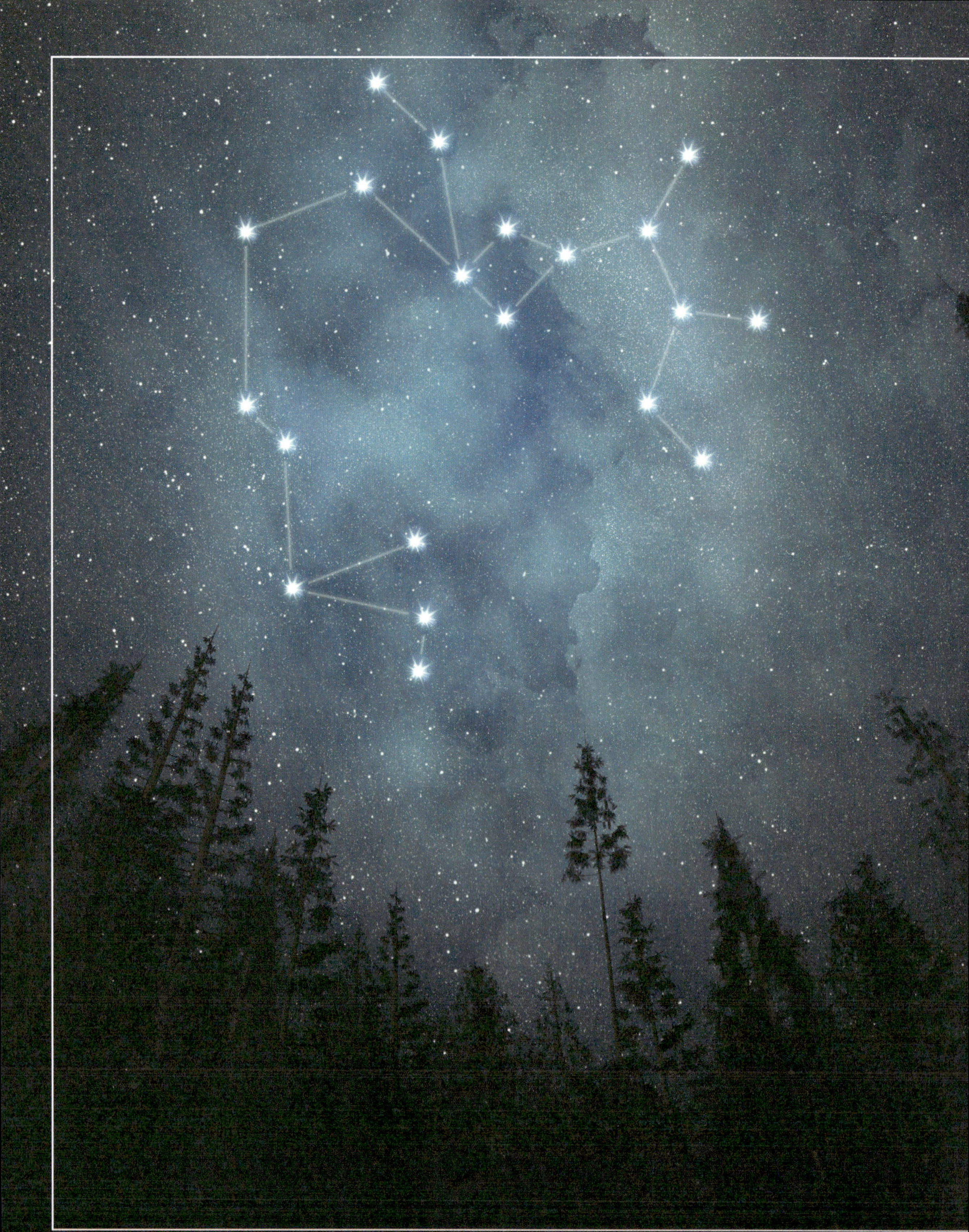

Sagitário

SINCERO ✶ OTIMISTA ✶ AVENTUREIRO

PERÍODO: 22 de novembro a 21 de dezembro
GLIFO: ♐
SÍMBOLO: Arqueiro
ELEMENTO: Fogo
MODALIDADE: Mutável
PLANETA: Júpiter
CASA: 9
PARTES DO CORPO: Carmesim, ameixa, azul royal
RODA DO ANO: Transição do outono para o inverno

Sagitário é um signo que está em constante estado de reinvenção. O sagitariano está sempre em movimento, saltando de um local, um trabalho, um projeto para outro, impulsionado pela sua necessidade de liberdade e mudança. No entanto, não é porque Sagitário é volúvel ou indeciso; ele está simplesmente expandindo seus horizontes, assim como a si mesmo, criando novas personas: o sábio, o aventureiro, o missionário, o espírito livre, a bruxa, o viajante, o que corre riscos.

Além do seu amor pela mudança e o movimento, a característica mais reconhecível de Sagitário é o seu otimismo. Sagitário pode assumir riscos ousados e mudar sua vida sem mais nem menos, com base na sua crença de que tudo acabará dando certo. Você não iria pedir demissão do seu emprego e se mudar para Bali se fosse pessimista, iria? Sagitário dá esses saltos de fé radicais porque, aos olhos dele, essa é a maneira mais autêntica de se aprender algo na vida. Ao apontar sua flecha em direção a um novo horizonte, ele está tornando seu mundo um pouco mais interessante.

O período de Sagitário marca a transição do outono para o inverno. Reunimos a última colheita e nos preparamos para o longo inverno que se aproxima. Sagitário abraça o final do período, entusiasmado com o novo ciclo que se avizinha.

Sagitário no Mapa Astral

Se Sagitário é um dos seus três maiorais, você pode estudar Wicca lendo livros (como este) ou viajando para visitar covens, participar de conferências ou conhecer locais sagrados. Quando expande a mente, você expande sua magia. Veja como sua energia de Sagitário se manifesta em diferentes posicionamentos.

Sol em Sagitário

O propósito do Sol em Sagitário é experimentar tudo o que a vida tem a oferecer. Ele está aqui para expandir seus horizontes intelectuais e ver tudo o que há para ver - e tentar fazer tudo ao mesmo tempo. Um sol típico de Sagitário tenta viver o equivalente a três vidas em seu tempo na Terra. Ele aprende fazendo e muitas vezes mergulha de cabeça em qualquer coisa que atraia seu interesse e estimule sua mente.

O Sol em Sagitário tem uma grande dose de fé, que o mantém em movimento. Na maioria das situações, ele pensa com seus instintos e age por instinto, e geralmente acerta. Alegre, filosófico e sincero, só é possível encontrar esses nativos no trajeto de um lugar para o outro, pois eles nunca conseguem ficar parados. No entanto, essa inquietação pode torná-los irresponsáveis, impacientes e temperamentais.

Se você é um Sol em Sagitário, a lição da sua prática espiritual é aceitar as mudanças que a magia e a Wicca podem trazer à sua vida e ao mesmo tempo não interferir na vida de outras pessoas.

Lua em Sagitário

A pessoa com Lua em Sagitário tem um coração aventureiro, sempre desejando vagar pelo mundo. Naturalmente despreocupada, tudo o que uma Lua em Sagitário precisa na vida é a liberdade de poder ir aonde quiser. Ela precisa de muito espaço para se sentir segura e não suporta se sentir enjaulada. Caso se sinta limitada ou presa a uma rotina chata, começa a procurar rotas de fuga. A Lua em Sagitário precisa de emoção: conhecer pessoas, aprender novos fatos, ter novas experiências. Não só porque isso a estimula, mas porque ela pode usar o que aprendeu para ensinar outras pessoas, dando continuidade ao ciclo de aprendizado. Quem tem a Lua em Sagitário é ao mesmo tempo aluno e professor.

Na sua melhor versão, a bruxa com a Lua em Sagitário conhece todos os aspectos da Wicca, mas tem a mente aberta para buscar novas práticas, experimentando cada novo feitiço com otimismo e exuberância. Ela pode, no entanto, ser impulsiva com sua magia, descuidada e confiante demais ao lançar seus encantamentos.

Ascendente em Sagitário

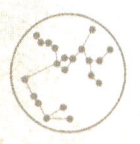

As bruxas com Ascendente em Sagitário são marcadas por seu entusiasmo natural, que é evidente para todos que as conhecem. Elas sempre se mostram muito animadas para compartilhar com você o que estão pesquisando, a viagem que acabaram de fazer ou a nova música que acabaram de descobrir. Na verdade, elas costumam falar como um professor empolgado quando expõe uma nova matéria para uma sala de aula interessada. Falando com a confiança que só vem da experiência, mas ainda cheio de energia, o Ascendente em Sagitário tem muito a oferecer, mas, às vezes, sua natureza apaixonada pode incomodar as pessoas, especialmente quando falam sem pensar (o que fazem com frequência). Seu temperamento inquieto pode facilmente colocá-lo em maus lençóis, mas ele geralmente pode resolver as coisas simplesmente seguindo em frente. Abençoado por seu planeta regente, Júpiter, o planeta da sorte, o Ascendente em Sagitário sempre cai de pé.

Quando você encontra pela primeira vez um Ascendente em Sagitário, ele parece charmoso e culto, mas inconstante e descuidado. No entanto, depois de conhecê-lo, você descobre que ele é caloroso, divertido e incrivelmente engraçado. Um ascendente em Sagitário pode contribuir com uma sabedoria útil sobre a Wicca, ajudando as pessoas em seu próprio relacionamento com seu ofício.

Sagitário e a magia

Os posicionamentos de Sagitário podem manifestar sua magia expandindo sua mente e visão de mundo. Eles são abertos a qualquer tipo de magia e estão dispostos a tentar qualquer coisa pelo menos uma vez. Aqui estão alguns cristais, ervas e rituais para tentar se manter conectado com sua magia interior.

Cristais para Sagitário

TOPÁZIO AZUL: Quando um signo de Fogo arde com muita intensidade, ele precisa de algo frio para reduzir suas labaredas. O topázio azul está associado à paz e à tranquilidade, e pode acalmar as coisas antes que elas explodam. Conhecido pela sua capacidade de se comunicar claramente com autoconfiança, o topázio azul pode ajudar o impulsivo sagitariano a pensar antes de falar. Use um colar de topázio azul quando estiver numa reunião importante, para escolher suas palavras com cuidado.

AVENTURINA VERDE: Um cristal perfeito para um signo aventureiro como Sagitário, a aventurina verde promove otimismo, pontos de vista mais amplos e generosidade. Ela ajuda a manter o coração do arqueiro aberto, enquanto transita pela vida. Mantenha uma pedra de aventurina verde em sua mesa como um lembrete para manter seu coração e sua mente receptivos.

TURQUESA: Uma pedra que promove viagens seguras, a turquesa é a pedra perfeita para Sagitário levar em suas viagens pela vida. A turquesa traz tranquilidade, criatividade e bênçãos financeiras - todas as coisas de que Sagitário precisa para seguir em frente. Leve uma turquesa com você para ter proteção nas viagens.

Ervas para Sagitário

CRAVO: Por ser a flor sagrada de Diana, a deusa romana da caça, o cravo costuma ser usado em feitiços de proteção e cura, embora os posicionamentos de Sagitário também sejam atraídos por essa flor devido à sua capacidade de inspirar coragem, força, virtude e nobreza de sentimentos. Pendure um maço de botões de cravo desidratados sobre a porta da frente para proteção.

DENTE-DE-LEÃO: Muito parecidos com Sagitário, os dentes-de-leão amarelos têm raízes profundas, mas vão aonde o vento os leva. Os dentes-de-leão representam os ciclos da vida, desde o nascimento à morte até o renascimento. Os posicionamentos em Sagitário são atraídos pelos dentes-de-leão por simbolizarem força, alegria, inteligência, liberdade e longevidade. Faça um chá com essas flores para impulsionar sua força mental e aumentar a sua intuição.

TREVO VERMELHO: Sagitário é regido por Júpiter, o planeta da sorte, e não há nada que dê mais sorte do que um trevo. Embora não seja o tradicional trevo de quatro folhas, os trevos vermelhos adicionam um toque de paixão ardente à planta da sorte. O trevo vermelho também promove a autorrealização, a purificação espiritual e o aumento da força interior. Também pode ajudar os posicionamentos de Sagitário a se tornarem melhores ouvintes. Coloque um pouco de trevo vermelho no seu banho para trazer prosperidade e ganhos financeiros.

Melhores tipos de feitiços e magia para Sagitário

Rituais de estudo, feitiços de proteção para viagens seguras, magia com velas, magia artística, feitiços para os estudos, sigilos, covens

Um Feitiço para Sagitário

Embora Sagitário seja abençoado com sorte aonde quer que vá, é uma boa ideia fazer um feitiço que ele possa levar consigo. Este é um feitiço prático que Sagitário pode usar como colar ou chaveiro, para sempre ter uma boa dose de sorte com ele.

MATERIAIS

- Funil pequeno ou pinça
- Frasquinho de vidro com tampa de cortiça (precisa ter um laço em cima para poder prendê-lo a um colar ou chaveiro)
- Lascas de aventurina verde (para otimismo e sorte)
- Lascas de turquesa (para viagens seguras e benção)
- Uma pitada de sal rosa do Himalaia (para proteção)
- Pitada de cravo desidratado (para coragem e força)
- Pitada de dente-de-leão desidratado (para viagens seguras e manifestar desejos)
- Cordão ou chaveiro

1. Usando o funil ou a pinça, coloque no frasco os ingredientes, uma camada por vez: os cristais, o sal, as ervas. Lembre-se de agradecer a cada um dos ingredientes ao adicioná-los.

2. Antes de tampar o frasco, segure-o na sua frente e diga: "Com este frasco, meu feitiço estará sempre comigo. Estou protegida em minha jornada pela vida e sou abençoada com as melhores intenções. Que assim seja".

3. Prenda o frasco num cordão ou chaveiro e leve-o com você.

Dicas de Magia

- Para um impulso extra, crie um sigilo com a sua intenção num pedaço pequeno de papel e coloque-o dentro do frasco do feitiço.
- Sele seu frasco derretendo cera de vela sobre a tampa. Use cera amarela para ter uma viagem segura e positividade, ou cera preta para ter sabedoria e proteção.

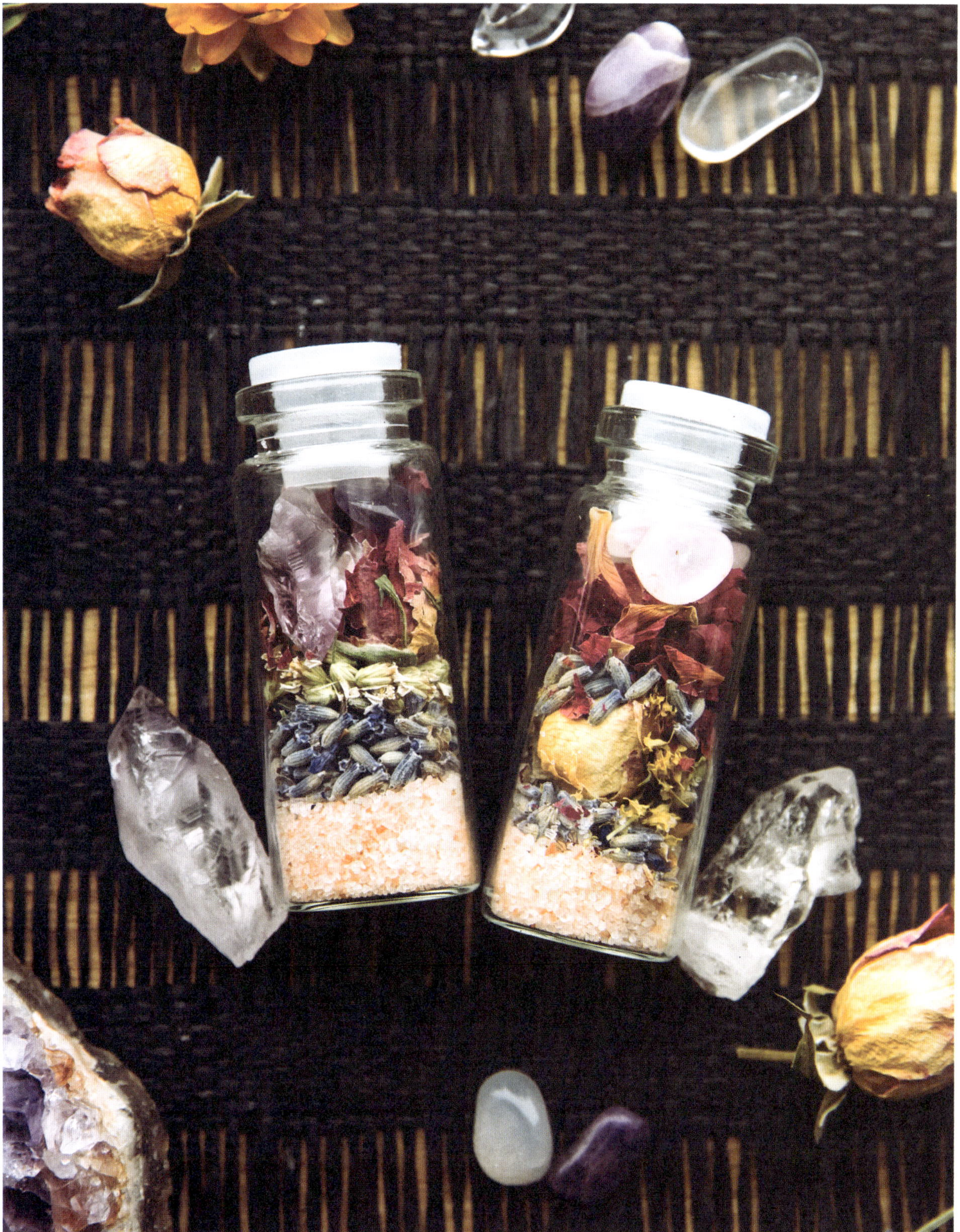

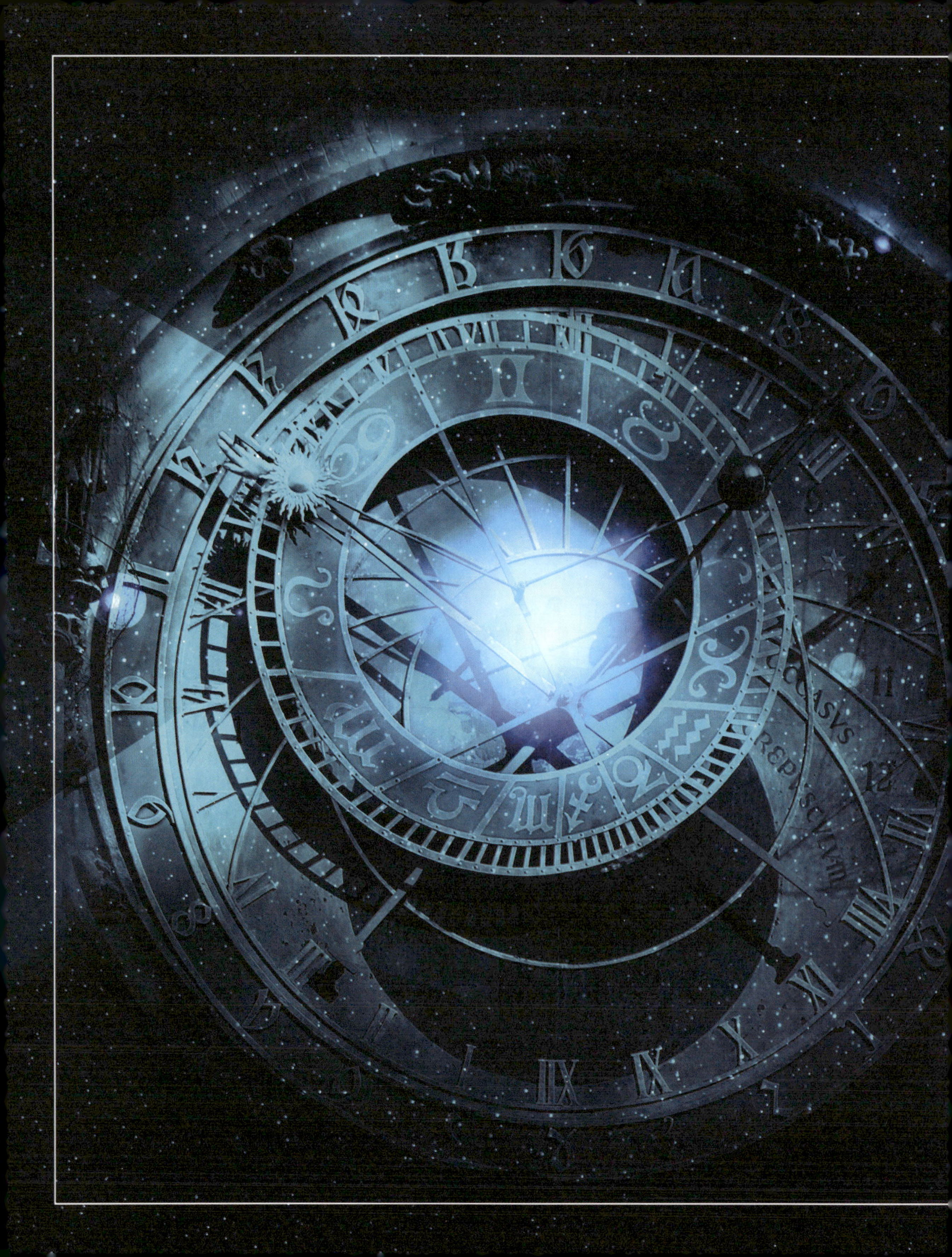
OCCASVS

Capricórnio

AMBICIOSO ✶ CONFIÁVEL ✶ PERSISTENTE

PERÍODO: 22 de dezembro a 19 de janeiro
GLIFO: ♑
SÍMBOLO: Cabra-do-mar
ELEMENTO: Terra
MODALIDADE: Cardinal
PLANETA: Saturno
CASA: 10
PARTES DO CORPO: Joelhos, articulações, ossos, dentes
CORES: Cinza, marrom, preto
RODA DO ANO: Yule (o Solstício de Inverno)

Muitas vezes considerado um signo sisudo e severo, Capricórnio parece e age como se fosse mais velho do que é. Sua mente prática vai direto ao ponto e sua natureza ambiciosa lhe permite realizar grandes coisas tão cedo na vida que muitos presumem que ele deva ser mais velho do que aparenta. No entanto, não confunda o exterior de um capricorniano com uma pessoa enfadonha. Os capricornianos costumam ter um senso de humor irônico e tiradas ácidas que encantam seus amigos, parceiros e colegas de trabalho. Os capricornianos sabem que nada nesta vida vem fácil, então eles precisam aproveitar enquanto podem.

O período de Capricórnio começa com o Yule, o festival wiccano que celebra o Solstício de Inverno e o renascimento do Grande Deus Cornífero, que conduz as almas para o outro mundo. Se você está acostumado a ver Capricórnio simbolizado pela cabra, saiba que na verdade ele é representado pela mítica cabra-do-mar, uma criatura aquática, metade peixe e metade cabra, que simboliza perfeitamente Capricórnio, pois se mover com agilidade na água e também consegue subir até o topo de uma montanha.

O Solstício de Inverno é o dia mais curto do ano, o que aumenta a personalidade taciturna, pessimista e tímida de Capricórnio. Contudo, após o dia mais escuro do ano, o dia fica cada vez mais brilhante. Capricórnio inicia na escuridão, mas lentamente abre caminho para a luz.

Capricórnio no mapa natal

Se Capricórnio é um dos seus três maiorais, você vê a magia como um meio para atingir um fim, algo que pode ajudá-la a alcançar as suas metas ambiciosas. As reuniões do coven podem ser acontecimentos de *networking*, enquanto você tenta usar seu ofício para se tornar poderosa. Lembre-se, esta é uma jornada espiritual também. A seguir você verá como a energia de Capricórnio se manifesta em diferentes posicionamentos.

Sol em Capricórnio

O propósito de um Sol em Capricórnio é sempre lutar por um objetivo, pois você se sente realizada quando faz conquistas valiosas. Por tradição, as pessoas pensam que esse objetivo é dinheiro ou sucesso na carreira, mas nem sempre é o caso. Os capricornianos podem ser movidos pela busca por conhecimento, por elogios, por oportunidades para ajudar os outros, por justiça ou pelo desejo de criar. Seja o que for que o Sol em Capricórnio escolha fazer na vida, ele vai querer ser o melhor, o que lhes confere a reputação de ser um grande empreendedor.

Dotados de praticidade, garra e uma mente criativa, os capricornianos são hábeis solucionadores de problemas e criam soluções do nada. Eles podem fazer qualquer situação dar certo e funcionar a seu favor. Embora possam ser controladores, rígidos, céticos e duros, eles têm um código moral rigoroso, que os guia ao longo da vida. Na sua melhor versão, o Sol em Capricórnio é ambicioso, maduro, independente e determinado.

Se você tem o Sol em Capricórnio, a lição da sua prática espiritual é vencer o medo do fracasso. Você é uma bruxa forte demais para fracassar, então acredite em si mesma.

Lua em Capricórnio

Se você perguntasse a uma pessoa com a Lua em Capricórnio sobre sentimentos ou emoções, ela poderia responder secamente, com um meio sorriso malicioso: "Sentimentos? Que sentimentos? Me sinto morta por dentro". É verdade que as bruxas com a Lua em Capricórnio são emocionalmente autossuficientes, preferindo manter suas emoções em segredo, em vez de dar uma olhada no que está acontecendo abaixo da superfície. Elas se sentem seguras quando estão no controle de uma situação e tentam resolver seus próprios problemas. Sentem-se melhor quando estão realizando tarefas, são produtivas e provam seu valor para os outros. Sobrecarregadas com um grande senso de responsabilidade, elas preferem ignorar suas próprias emoções e cuidar das outras pessoas. Isso pode levá-las a ter dificuldade para fazer conexões – tanto com os outros quanto com seu próprio corpo. A Lua em Capricórnio precisa aprender a cuidar de si mesma, em vez de trabalhar até a exaustão.

Quando está no seu melhor, a bruxa com a Lua em Capricórnio é dedicada ao seu ofício, pois sua energia é constante e ela tem paciência com feitiços ambiciosos. No entanto, ela nem sempre acredita em sua magia e pode ter problemas para se relacionar com um coven, preferindo uma prática solitária, que pode deixá-la isolada.

Ascendente em Capricórnio

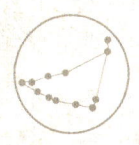

O Ascendente em Capricórnio parece melhorar com a idade. Na adolescência, ele geralmente parece mais velho do que é, mas sua aparência melhora com o passar dos anos. Dono de uma "alma antiga", ele parece ter uma sabedoria que vai além da sua idade, porque absorve muitas informações, aceitando conselhos e aprendendo com os erros dos outros. O Ascendente em Capricórnio é conhecido pelo seu poder de realização. Ele é capaz de feitos incríveis mesmo contra todas as probabilidades, tudo porque tem determinação para ir até o fim. Depois que decide seguir numa certa direção e alcançar um objetivo, não para até alcançá-lo. Ele prospera quando conhece as regras e os limites e se sente ainda melhor quando ele mesmo pode defini-los.

A princípio, o Ascendente em Capricórnio parece quieto, severo e reservado, mas, se você tiver sorte suficiente para ter um Ascendente em Capricórnio perto de você, verá o poder puro da sua personalidade: ele é charmoso, espirituoso e expressivo. A bruxa com Ascendente em Capricórnio costuma ser vista trabalhando sozinha, protegendo sua magia dos olhos das outras pessoas.

Capricórnio e a Magia

Os posicionamentos de Capricórnio podem manifestar sua magia no início do inverno, usando o calor da sua própria magia para aquecê-los. Embora não precisem de muito para criar uma magia poderosa, aqui estão alguns cristais, ervas e rituais para intensificar o processo.

Cristais para Capricórnio

GRANADA: Pedra natal de Capricórnio, a granada reenergiza o corpo e a alma, trazendo equilíbrio a ambos. Ela confere aos capricornianos paixão, coragem, sucesso e a esperança de que precisam para atingir seus objetivos, ao mesmo tempo em que lhes dá um impulso extra de autoconfiança. Esta pedra também aumenta a sensualidade e o desejo sexual, para dar mais prazer ao signo da cabra-do-mar. Use um anel ou uma pulseira de granada quando estiver prestes a fazer algo que exija coragem.

QUARTZO ENFUMAÇADO: Este é um ótimo cristal de ancoramento para ajudá-lo a se concentrar quando sentir que suas ambições estão fora de controle ou você só precisa de um pouco de motivação para começar. Este cristal estabilizador também protege os capricornianos de pensamentos e energias negativas. Coloque um quartzo enfumaçado em sua escrivaninha para ter motivação e proteção.

OBSIDIANA: Esta pedra de vidro vulcânico contém um grande poder de cura dentro dela. Pedra que propicia o ancoramento, a obsidiana pode ajudar Capricórnio a curar a mente, o corpo e a alma. Também pode ajudar esse nativo a superar a ficção e chegar à verdade de qualquer problema – desde as mentiras que as pessoas contam até o âmago dos seus demônios interiores. Mantenha uma obsidiana em seu altar para promover a sinceridade.

Ervas para Capricórnio

ALECRIM: Esta erva comum de cozinha não serve apenas para você incrementar os seus pratos. O alecrim pode melhorar o humor, a saúde do cérebro e a memória. No âmbito da magia, o alecrim é usado para curar, amar, prevenir pesadelos e dar proteção. Ele é usado como decoração no festival de Yule, com o azevinho e o visco. Adicione um punhado de folhas frescas de alecrim ao banho para ser uma pessoa marcante para todos.

BOLSA-DE-PASTOR: Da família da mostarda, a bolsa-de-pastor recebe o nome de suas folhas em formato de coração, que parecem as bolsas que os pastores levavam a tiracolo. Na magia, a bolsa-de-pastor é usada para proteção, prosperidade, força emocional, força de vontade e autoestima. Coloque folhas dessa planta num sachê e carregue-o com você para atrair prosperidade.

TOMILHO: Outro condimento muito comum na cozinha, esta erva culinária pode combater a pressão alta de Capricórnio e aumentar sua imunidade durante os meses frios. Na magia, o tomilho é usado para promover a saúde, a cura, a coragem, a força e o amor. Queime um raminho de tomilho quando você precisar de uma dose extra de coragem e use-o como ingrediente em sua refeição antes de fazer algo importante.

Melhores tipos de feitiços e magia para Capricórnio

Feitiços de abundância, feitiços de manifestação, feitiços de cura, magia de jardim, fitoterapia, feitiços para arranjar emprego, rituais de aterramento, bênção do lar

UM FEITIÇO PARA CAPRICÓRNIO

Eis um feitiço que pode beneficiar a todos com posicionamentos em Capricórnio. Trata-se de um feitiço de abundância para ajudar a ver seus objetivos crescerem até ganharem vida. Com algum esforço e trabalho duro, o que começou como uma semente pode se transformar na realização dos seus sonhos mais acalentados.

MATERIAIS

- Caneta (de preferência com tinta verde)
- Um pedaço de papel pequeno
- Vaso pequeno
- Terra
- Sementes de alecrim
- Água

1 Num lugar tranquilo, livre de todas as distrações, anote por escrito todos os objetivos que você deseja realizar nos próximos seis meses a um ano. Escreva tudo o que você realmente quer. (De uma forma bem resumida.)

2 Ao terminar sua lista, escreva: "Vou realizar tudo isso para o meu bem maior. Tudo o que preciso para alcançar o que quero já tenho dentro de mim. Que assim seja". Depois assine embaixo e coloque a data.

3 Dobre o papel o máximo possível, deixando-o, de preferência, do tamanho de uma moeda.

4 Encha o vaso com terra e plante as sementes de alecrim.

5 Perto da borda do vaso, longe das sementes de alecrim, enterre sua lista.

6 Ao se preparar para regar o solo, diga: "Com esta água, estou dando vida ao que quero. Estou pronta para realizar meus sonhos mais acalentados. Para o meu bem maior, que assim seja". Regue o solo.

7 Continue regando e nutrindo o seu alecrim. À medida que ele cresce, imagine que a planta é você, crescendo e avançando rumo aos seus objetivos.

Truques de Magia

- Se tiver espaço na sua casa, cultive um vaso com um pinheiro, olmo ou abeto e faça a mesma coisa, mas visando objetivos de longo prazo (10 anos ou mais), pois essas árvores estão associadas a Capricórnio.
- Monte um altar em torno da sua planta, cercando-a com os cristais de Capricórnio, fotos do que você deseja alcançar etc.
- Para obter melhores resultados, faça isso num sábado, pois esse é o dia associado a Capricórnio.

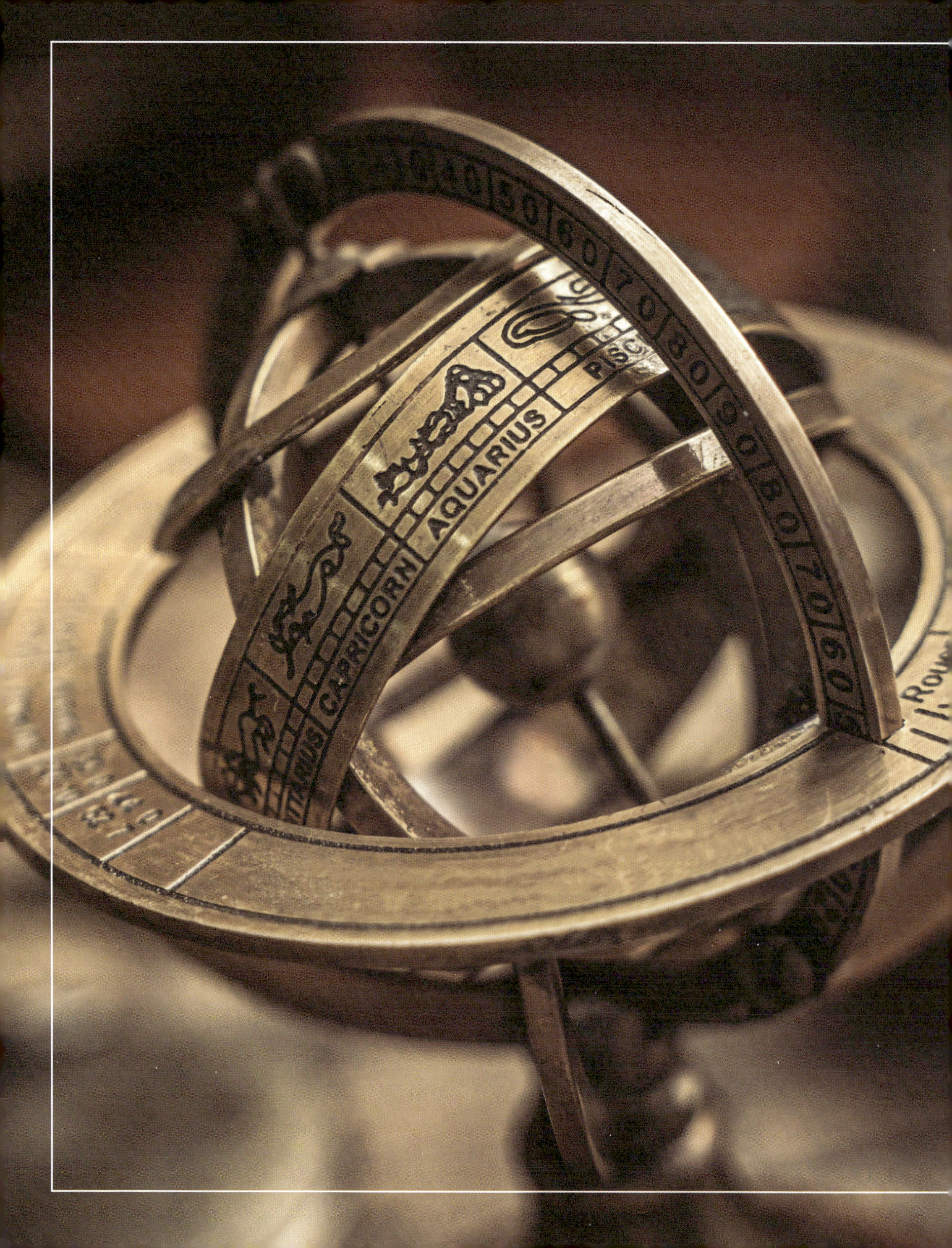
AQUARIUS
CAPRICORN

Aquário

ORIGINAL ✷ INOVADOR ✷ COM CONSCIÊNCIA SOCIAL

PERÍODO: 20 de janeiro a 18 de fevereiro
GLIFO: ♒
SÍMBOLO: Aguadeiro
ELEMENTO: Ar
MODALIDADE: Fixo
PLANETA: Saturno
CASA: 11
PARTES DO CORPO: Tornozelos, panturrilhas, canelas, sistema circulatório
CORES: Azul neon, branco, violeta
RODA DO ANO: Imbolc

Aquário é o signo das contradições. Seu nome é Aquário e seu símbolo é o Aguadeiro, mas seu elemento é o Ar. Esse signo tem um profundo amor pela humanidade, mas é muitas vezes considerado solitário. É um signo fixo, que naturalmente reluta em mudar, mas os aquarianos são nossos maiores inovadores, questionando as estruturas existentes e imaginando o que aconteceria se fizéssemos as coisas de forma diferente. Os aquarianos abraçam a estranheza da vida e perguntam: "O que poderíamos fazer se quebrássemos todas as regras que nos limitam? O que poderíamos nos tornar?".

Os aquarianos são estranhos, uma descrição que eles usam com honra. Não são pessoas que pintem dentro de limites demarcados; eles fazem arte! São os esquisitões que olham o mundo e se perguntam: Por que vivemos assim? Eles têm a coragem de questionar e nos desafiam a fazer e conseguir o que é diferente, porque a única liberdade que temos é viver num mundo sem limites.

Na Roda do Ano, o festival wiccano Imbolc cai na metade do período de Aquário, em 1º de fevereiro. Esse é o último sabá e último festival antes do início do ano novo e serve como uma celebração à vida, que começa a despertar após um longo inverno. Este é um momento de criatividade, de deixar o passado para trás e de abrir espaço para uma nova vida – tudo em que Aquário acredita.

Aquário no Mapa Natal

Se Aquário é um dos seus três maiorais, você tem uma maneira única e inovadora de abordar seu ofício. Você gosta de experimentar e vivenciar coisas novas – mesmo que elas explodam na sua cara. Eis aqui como sua energia aquariana se manifesta em diferentes posicionamentos.

Sol em Aquário

O propósito de quem tem o Sol em Aquário é abrir um novo caminho na vida. Esse nativo vê como os sistemas antigos e desatualizados falharam conosco no passado e se esforça para colocar sua energia, inteligência e magia na criação de novas soluções para os problemas da vida que funcionem bem para todos. Almejando estímulo intelectual, ele anseia por um problema que possa desvendar, uma teoria que possa pôr em prática e uma nova trilha que possa seguir para descobrir algo novo. Ele ama a humanidade num nível impessoal, pois quer ajudar as pessoas sem se enredar em emaranhados emocionais.

Dotado de uma mente aguçada, uma visão de mundo única e um coração idealista, o Sol em Aquário não se deixa limitar pelas convenções e se sente livre das normas sociais impostas à sociedade. No entanto, apesar da sua abertura à mudança, ele pode ser bastante teimoso; o intelecto do aquariano o torna indiferente e ele muitas vezes vive perdido em pensamentos. Todavia, é sua natureza peculiar que os destaca no zodíaco.

Se você é um Sol em Aquário, a lição da sua prática espiritual é estar presente no mundo físico enquanto usa sua magia para encontrar soluções aplicáveis no mundo real.

Lua em Aquário

Desde cedo, as pessoas com a Lua em Aquário se sentem "diferentes" das outras. Isso pode ser decorrência das suas aguçadas habilidades de observação, que lhes permitem observar os outros e fazer comparações. No entanto, como essas Luas logo descobrem, ser diferente não é uma coisa ruim. Quanto mais cedo a Lua em Aquário estiver livre da caixa opressiva em que a sociedade a colocou, mais feliz ela será. Porém, ela sempre será solitária em sua essência, observando as pessoas, mas nunca se sentindo parte do grupo. A Lua em Aquário precisa de espaço para se sentir emocionalmente segura, mas também precisa se sentir compreendida para ter segurança. Esse é o desejo conflitante que jaz no coração dessa Lua.

Em sua melhor versão, a bruxa com a Lua em Aquário é progressista quando se trata das tradições da Wicca e está sempre disposta a mudar as coisas. Ela também cria feitiços únicos e segue seus ideais ao criar. No entanto, costuma se mostrar indiferente nas reuniões do coven (embora sempre convide a todos para essas reuniões) e não use as emoções ao praticar seu ofício.

Ascendente em Aquário

Você notará um Ascendente em Aquário com facilidade, pois ele é muito ... *diferente* de todas as outras pessoas, seja por seus maneirismos, estilo ou aura. Os Ascendentes em Aquário são até diferentes uns dos outros, assim como não existem dois flocos de neve exatamente iguais. O Ascendente em Aquário gosta de se destacar na multidão e quer ser conhecido por sua capacidade de fazer as coisas de maneira inovadora. Ele é o sujeito criativo que muda o jogo para todos. Seu humanitarismo vem facilmente à tona quando se voluntaria para trabalhar em abrigos, quando vai a protestos ou se manifesta em reuniões do conselho municipal. Ele está sempre pronto a agitar as coisas - para o bem ou para o mal.

À primeira vista, o Ascendente em Aquário parece individualista, altamente inteligente, mas um pouco reservado e surpreendente. No entanto, depois de conhecê-lo, você descobre que ele é altruísta, original e aceita as diferenças. Você verá um Ascendente em Aquário formando um coven para criar uma comunidade mágica, mas geralmente se escondendo durante as reuniões reais.

Aquário e a Magia

As bruxas com posicionamentos em Aquário usam a magia de maneiras únicas, que fazem que as bruxas tradicionais as encarem com espanto. Não estamos pedindo que você "aja de acordo" com a norma wiccana, mas estes cristais, estas ervas e estes rituais podem lhe dar um impulso extra.

Cristais para Aquário

QUARTZO TRANSPARENTE: Por ser um mestre curador, o quartzo transparente é o cristal mais versátil de todos, pois extrai sua força do poder dos cristais ao seu redor, assim como Aquário sabe que somos melhores quando agimos coletivamente. O quartzo transparente pode ajudar os posicionamentos em Aquário a atingir seu verdadeiro potencial, ter mais abundância e trazer à tona suas melhores intenções para ajudar o mundo. Coloque este quartzo perto de outros cristais em seu altar para amplificar a energia deles.

FLUORITA: Para os desorganizados posicionamentos em Aquário, a fluorita tem tudo a ver com equilibrar as coisas para que eles possam se concentrar nos objetivos e questões que realmente importam. A fluorita pode ajudar a melhorar as habilidades de comunicação, dissipar a energia negativa e ajudar o aéreo aquariano a permanecer com os pés no chão em sua jornada. Escreva seus objetivos num papel e coloque uma fluorita sobre ele para ajudá-lo a alcançá-los.

HEMATITA: Uma forte pedra de ancoramento, a hematita está aqui para proteger Aquário de qualquer energia negativa que possa surgir em seu caminho. A hematita é usada como uma barreira para que o aquariano possa continuar o importante trabalho que precisa fazer sem interferência. Deixe uma hematita na porta da frente para protegê-lo da negatividade.

Ervas para Aquário

CACAU: Não é uma erva como as outras, mas Aquário também não é um signo como os outros. Os grãos de cacau vêm do cacaueiro e são usados para fazer chocolate e manteiga de cacau. O cacau traz energia de ancoramento, prosperidade e clareza quando se trata de propósito, amor e crescimento pessoal. Ele também pode ajudar a curar a energia dentro do corpo. Realize uma cerimônia do cacau, reunindo pessoas para beber cacau enquanto se inspiram em discussões proficuas.

ERVA-DOCE: Muito apreciada na cozinha, a erva-doce também é o complemento perfeito para feitiços, graças às suas propriedades de coragem, força, proteção, amor e adivinhação. (Também tem um sabor delicioso e seu chá é usado para combater a dor de barriga.) Tome um chá de erva-doce enquanto estuda para uma prova, para melhorar a sua memória e reter as informações.

ANIS-ESTRELADO: Uma erva com formato mágico para um signo único, o anis-estrelado é ótimo para aumentar sua consciência psíquica e ajudar nas práticas de adivinhação. Também é bom para limpar a energia e como proteção contra espíritos não amigáveis. Amarre um barbante em volta de um anis-estrelado para usar como pêndulo.

Melhores tipos de feitiço e magia para Aquário

Magia em covens para manifestar mudanças sociais, magia de protesto, feitiços de inovação, feitiços com encantamentos rimados, magia com sinais, feitiços para alavancar novos projetos, tecnomagia

UM FEITIÇO PARA AQUÁRIO

Como Aquário é o signo astrológico associado à inovação e à tecnologia, os posicionamentos desse signo buscam maneiras modernas de praticar a Bruxaria em sua vida. Eis aqui um feitiço simples que leva a prática de magia para a era moderna.

MATERIAIS

- Seu telefone celular

TRUQUE DE MAGIA

Coloque um quartzo transparente sobre o celular antes de lançar o feitiço, para purificar a energia.

1 Lance seu círculo e respire fundo algumas vezes para se centrar.

2 Quando estiver pronta, pegue seu celular. Abra um aplicativo de mensagens instantâneas, outro aplicativo de mídia social ou seu e-mail.

3 Pense no feitiço que deseja lançar. O que você espera trazer para você? Sucesso? Clareza? Novas oportunidades? Imagine em detalhes o feitiço que deseja lançar.

4 Abra o teclado dos emojis e escolha cuidadosamente os que representem melhor o que você quer que seu feitiço lhe traga. Não pense demais nisso; apenas use a intuição. Escolha pelo menos cinco emojis.

5 Depois de definir sua intenção e escolher seus emojis, lance o feitiço enviando os emojis para o seu coven, postando-os na sua página de mídia social ou enviando-os por e-mail para você mesma. Solte sua magia no universo!

Peixes

IMAGINATIVO ✶ COMPASSIVO ✶ PERCEPTIVO

PERÍODO: 19 e fevereiro a 20 e março
GLIFO: ♓
SÍMBOLO: Dois peixes
ELEMENTO: Água
MODALIDADE: Mutável
PLANETA: Júpiter
CASA: 12
PARTES DO CORPO: Pés, dedos dos pés, sistema linfático
CORES: Verde-água, lilás, prateado
RODA DO ANO: Transição do inverno para a primavera

Último signo da roda do zodíaco, Peixes não é apenas uma representação de um final, mas a sabedoria que adquirimos no final de nossa jornada. A personalidade de Peixes contém um pouco de cada signo. Isso o faz sentir emoções muito mais profundas do que os outros signos. Ao contrário dos outros signos de Água, no entanto, o pisciano não sente necessidade de esconder essas emoções. Em vez disso, ele sente que é sua responsabilidade compartilhar as dádivas do amor e outras emoções com o mundo.

Peixes é incrivelmente adaptável e se dá bem com pessoas de todas as esferas da vida. Extremamente intuitivo, sensível e perspicaz, ele geralmente irradia a mesma energia que irradiam para ele. Se você agir agressivamente, ele tratará você com agressividade. Se você demonstrar bondade, ele fará o mesmo. É por isso que pode ser tão difícil entender um pisciano, embora ele deseje compreender e ser compreendido.

O período de Peixes começa no final do inverno, enquanto nos preparamos para a primavera. Enquanto tudo ainda está hibernando, podemos ver aquele vislumbre de esperança de que a primavera logo chegará. Peixes vive nesse vislumbre de esperança. Mesmo que estejamos no final de uma jornada, uma novinha em folha já está despontando no horizonte.

Peixes no Mapa Natal

Se Peixes é um dos seus três maiorais, você é muito intuitivo e essa intuição orienta a maior parte do seu ofício. Você geralmente é a bruxa mais talentosa com as cartas de tarô ou pelo menos a mais curiosa sobre o lado espiritual e os métodos de adivinhação da Wicca e da Bruxaria. Veja como sua energia pisciana se manifesta em diferentes posicionamentos.

Sol em Peixes

O propósito do Sol em Peixes é deixar este mundo melhor do que quando ele chegou aqui. Isso pode parecer uma tarefa grande demais para um mero mortal, mas o Sol em Peixes está sempre um nível acima do que aqueles ao seu redor. Intuitivo, compassivo e um agente de cura natural, o pisciano extrai sua personalidade de muitos recursos, mas seu objetivo é simples: fazer uma diferença positiva. Desde espalhar amor pela sua comunidade até cuidar dos amigos quando eles mais precisam, o Sol em Peixes é definido pelo amor que oferecem aos outros.

O Sol em Peixes tem uma qualidade etérea que torna difícil para as pessoas dizer que o conhecem intimamente, embora elas pareçam se abrir para ele com facilidade. Assim como a água, o pisciano reflete a energia que os outros irradiam, mas suas emoções são profundas. Ele se expressa melhor por meio de projetos criativos que o ajudem a canalizar todos os grandes sentimentos que não extravasa.

Se você é um Sol em Peixes, a lição da sua prática espiritual é impor limites psíquicos e emocionais, para não absorver vibrações negativas.

Lua em Peixes

A pessoa com a Lua em Peixes é sonhadora, alguém que muitas vezes se perde em fantasias e se esquece de voltar à terra. No entanto, a Lua em Peixes precisa dos seus sonhos, das suas saídas criativas e da sua imaginação fértil para se sentir segura e protegida. A Lua em Peixes é uma alma sensível que pode facilmente sentir a dor dos outros como se fossem suas. Como ela pode se perder nesse sofrimento, precisa de uma maneira de escapar, especialmente quando sua bateria emocional está baixa.

Guiadas pela intuição, esta Lua é dotada de um sexto sentido. Ela sabe quando as vibrações estão baixas ou quando algo está errado. Não importa se é sentindo um frio na barriga ou ouvindo um tom levemente mais agudo na voz de alguém, esta Lua saberá.

Na sua melhor versão, a bruxa com Lua em Peixes é leal ao seu coven, pratica magia e realiza rituais com ternura, além de ser uma inspiração para as outras bruxas. Porém, pode parecer distraída quando se trata de lançar feitiços e pode ser ingênua com pessoas nada amigáveis que fingem ser wiccanas. Quando magoada, ela pode bancar a mártir.

Ascendente em Peixes

A primeira impressão de um Ascendente em Peixes pode nem sempre ser boa, principalmente porque ele geralmente está no mundo da lua, perdido no mundo da fantasia que ele cria quando a realidade fica muito enfadonha ou muito deprimente. No entanto, superada essa primeira impressão, as pessoas percebem instantaneamente que o Ascendente em Peixes tem uma gentileza e doçura no rosto que pode derreter até os mais estoicos. Há algo sobre ele que facilita a abertura, mesmo quando está com estranhos. Porém, ser a caixa de ressonância dos problemas dos outros faz que ele se sinta incompreendido e solitário. Ele pode passar do bom humor ao mal humor em questão de segundos, só porque as vibrações da sala mudaram um pouco. Então, se você surpreendê-los olhando para o nada, espere um minuto e eles estarão de volta. O Ascendente em Peixes inicialmente parece ser aéreo, desorganizado, misterioso, mas é uma criatura encantadora.

Depois de conhecer a bruxa com Ascendente de Peixes a fundo, você descobrirá que ela pode ser criativa, calorosa, sentimental e complexa. Ele é uma praticante de uma magia suave, que cuida do seu coven com amor, carinho e uma aura tranquilizadora, que pode acalmar até mesmo os mais belicosos.

Peixes e a Magia

Os posicionamentos de Peixes são muito ligados à sua magia quando estão conectados com as suas emoções, colocam seus sentimentos no centro do palco e os usam como uma força orientadora. Isso é especialmente verdadeiro quando essas bruxas preveem o futuro ou manifestam conforto. Aqui estão alguns cristais, ervas e rituais para melhor explorar seu poder.

Cristais para Peixes

AMETISTA: Uma das pedras natais associadas a Peixes, a ametista é um cristal espiritual que permite que os profundos piscianos entrem em contato com o mundo espiritual com mais facilidade. A ametista também tem o poder de acalmar este signo emocional de Água ao mesmo tempo que aumenta sua já elevada intuição. Use um colar de ametista durante a meditação para acalmar a mente.

TURMALINA NEGRA: Muito utilizada em culturas antigas como talismã para afastar demônios, a turmalina negra absorve toda a negatividade, inclusive as emoções negativas. Ela também pode ajudar a proteger os empáticos posicionamentos em Peixes dos vampiros de energia. Use uma pulseira de turmalina negra para absorver as emoções negativas ao seu redor.

CALCITA: A calcita traz uma energia calmante aos piscianos, muitas vezes emocionalmente sensíveis, e dá a eles o equilíbrio de que precisam para se manterem ancorados. Esta pedra também propicia clareza emocional e mental, ajudando esses nativos a tomar decisões, além de inspirar sua criatividade e ajudá-los a alcançar a iluminação. Segure a calcita na mão quando precisar tomar uma decisão importante.

Ervas para Peixes

LILÁS: Uma bela flor para o delicado pisciano, o lilás pode realmente deixar o ambiente mais leve, o que é especialmente útil para este signo emocional de Água. O lilás também pode afastar e banir a energia negativa e atrair energia positiva para trazer prazer, especialmente quando se trata de romance. Borrife um pouco de água perfumada de lilás no ambiente para melhorar a atmosfera.

ARTEMÍSIA: Muitas vezes associada à adivinhação e aos sonhos, a artemísia pode ajudar os posicionamentos em Peixes a ter sonhos proféticos e até a prever o futuro. A artemísia também é uma erva que pode ser usada para proteção, força e criatividade. Tome um chá de artemísia antes de dormir para sonhar com o futuro.

HAMAMÉLIS: Você provavelmente já viu e usou o óleo de hamamélis em seus produtos para a pele, mas esta erva tem muitas outras utilidades. Durante séculos, a hamamélis foi usada para escriação e em outros métodos de adivinhação. Os posicionamentos de Peixes podem usar a hamamélis para cura, limpeza, proteção e sabedoria. Escreva suas intenções num papel e coloque-o numa tigela. Cubra o papel com a hamamélis e deixe a tigela sob a luz da Lua minguante. Na manhã seguinte, enterre a hamamélis e o papel longe da sua casa, para que suas intenções se manifestem.

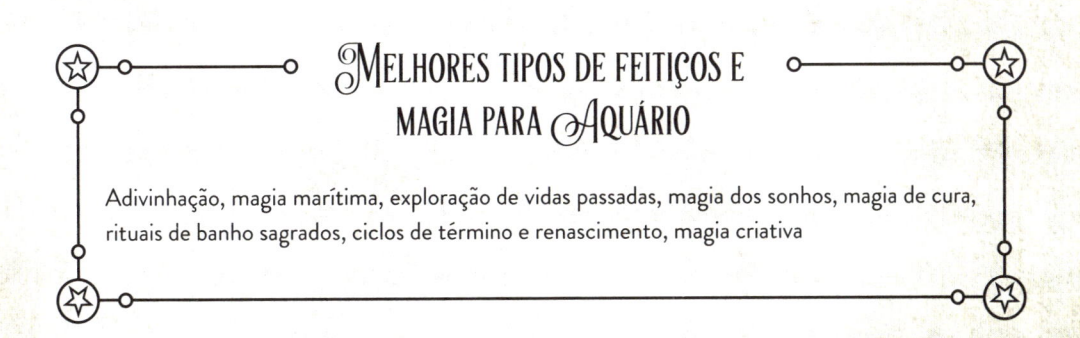

Melhores tipos de feitiços e magia para Aquário

Adivinhação, magia marítima, exploração de vidas passadas, magia dos sonhos, magia de cura, rituais de banho sagrados, ciclos de término e renascimento, magia criativa

UM FEITIÇO PARA PEIXES

Os posicionamentos de Peixes costumam ter sonhos marcantes e lúcidos. Às vezes, esses sonhos podem ajudá-los a ver o futuro, muitas vezes com imagens vívidas, como se fossem reais. Ajude a fortalecer seu sexto sentido tomando um banho relaxante antes de dormir para ter sonhos sobre o futuro.

MATERIAIS

- ½ xícara de sais de Epsom (limpeza energética)
- 6 gotas de óleo essencial de hamamélis (para adivinhação)
- 2 colheres de sopa de artemísia desidratada (para visões psíquicas)
- 2 colheres de lilás desidratado ou 6 gotas de óleo essencial de lilás (para ter prazer)
- Tigela
- Colher
- Cristal de ametista (para entrar em contato com o mundo espiritual)
- Cristal de turmalina negra (para proteção)
- Caderno
- Caneta

1. Misture o sal, o óleo essencial e as ervas desidratadas numa tigela. Enquanto você mexe, visualize sua energia impregnando a mistura.

2. Prepare um banho quente antes de ir para a cama. Faça um círculo ao seu redor. Coloque a ametista e a turmalina negra na lateral da banheira.

3. Despeje a mistura na água, dizendo: "Com essa mistura, eu me abro para o que quer que o futuro me reserve. Traga-me um vislumbre do futuro em meus sonhos. Para o meu mais elevado bem, que assim seja".

4. Entre na banheira e relaxe. Não pense muito sobre nada, apenas absorva tudo.

5. Quando terminar, prepare-se para dormir, mantendo o caderno e a caneta ao lado da cama.

6. Ao acordar, tome nota dos sonhos que teve e analise as informações eles lhe trouxeram.

Truques de Magia

- Acenda velas roxas ou brancas no banheiro, para invocar as energias espirituais e se abrir para os sonhos psíquicos.
- Se não tiver banheira, coloque os ingredientes num sachê e pendure-o no chuveiro enquanto toma banho. Ou transforme os ingredientes num esfoliante, adicionando ½ xícara de óleo de coco à mistura.
- Para melhores resultados, faça isso sob a luz da Lua cheia.

3
É SÓ UMA FASE:
Entenda a Magia da Lua

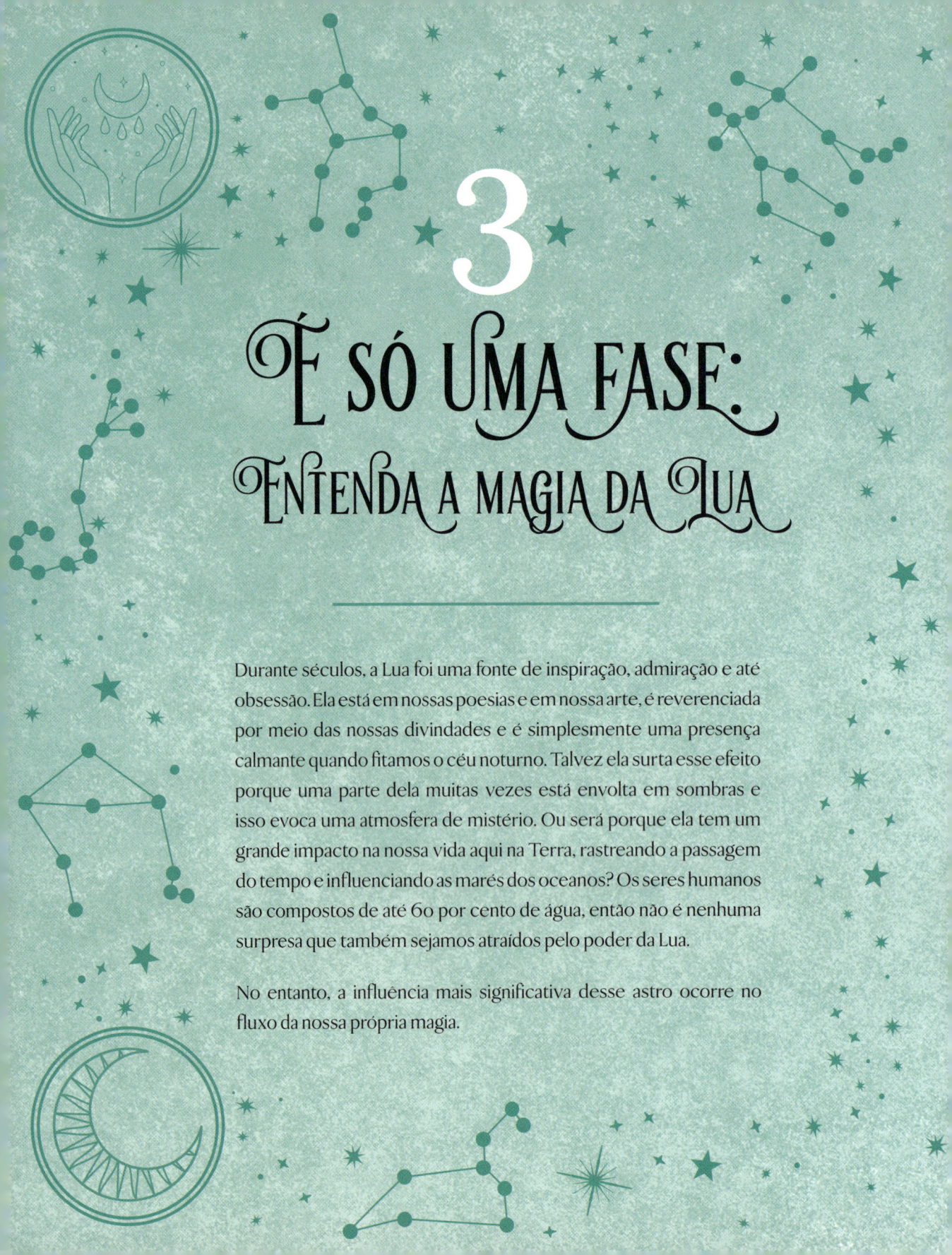

Durante séculos, a Lua foi uma fonte de inspiração, admiração e até obsessão. Ela está em nossas poesias e em nossa arte, é reverenciada por meio das nossas divindades e é simplesmente uma presença calmante quando fitamos o céu noturno. Talvez ela surta esse efeito porque uma parte dela muitas vezes está envolta em sombras e isso evoca uma atmosfera de mistério. Ou será porque ela tem um grande impacto na nossa vida aqui na Terra, rastreando a passagem do tempo e influenciando as marés dos oceanos? Os seres humanos são compostos de até 60 por cento de água, então não é nenhuma surpresa que também sejamos atraídos pelo poder da Lua.

No entanto, a influência mais significativa desse astro ocorre no fluxo da nossa própria magia.

Como ocorre em muitas outras religiões e práticas espirituais, a Wicca tem a Lua em alta conta, pois ela representa os ciclos da vida. Tudo nasce, passa pelas fases da vida, morre e volta a nascer. A Lua e seu ciclo nos ajudam a entender e aceitar os ritmos naturais da Terra enquanto nos conectamos com o grande poder da natureza. Mesmo a bruxa mais poderosa precisa reconhecer a influência da Lua e permanecer humilde em sua luz. Quando nos alinhamos com a energia lunar, podemos realmente explorar o nosso bem maior.

Os wiccanos também associam a Lua com o mistério, a paixão, a fertilidade, as emoções e o nosso eu interior. Aqui estão apenas algumas maneiras pelas quais os wiccanos usam a Lua em sua prática de magia.

A Deusa Tríplice

Um dos símbolos influentes da Wicca é à Deusa Tríplice Lunar, também conhecida simplesmente como Deusa Tríplice. Você pode reconhecer a Deusa Tríplice por seu símbolo: uma Lua cheia entre duas crescentes. Esse símbolo representa as três figuras que a Deusa Tríplice incorpora: a Donzela, a Mãe e a Anciã, que representam o ciclo da vida, da morte e o interminável ciclo da vida.

A DONZELA: A Donzela representa o início da jornada pela qual todas as bruxas devem passar. São os estágios iniciais da vida, onde o mundo está cheio de potencial inexplorado. A Donzela também representa a fase crescente da Lua, quando nos mobilizamos para chegar à plenitude. A Donzela é inocente, mas curiosa, encorajando-nos a buscar novas experiências.

A MÃE: A Mãe representa a metade da nossa jornada pela vida. Representando a Lua cheia, ela somos nós alcançando nosso maior potencial e criando algo que deixará nossa marca neste mundo e representará o nosso legado. No entanto, apesar de ser chamada de "Mãe", nem sempre ela tem que representar maternidade, fertilidade ou mesmo paternidade. A Mãe também pode dar à luz uma ideia, uma obra de arte, um negócio ou simplesmente uma vida mais plena. A Mãe nos encoraja a tomar posse de todo o nosso poder com coragem e intenção.

A ANCIÃ: A Anciã marca o fim de um ciclo, onde já atingimos nosso apogeu e agora estamos nos preparando lentamente para nosso renascimento e renovação. A Anciã representa a minguante da Lua, um momento de descanso, reflexão e ancoramento. O período da Anciã não é triste, pois temos mais sabedoria, que nos foi transmitida pelos melhores professores: o tempo e a experiência. Podemos assumir mais responsabilidades e liderar as gerações mais jovens usando as habilidades que adquirimos. A Anciã nos encoraja a aceitar todos os nossos antigos eus, pois eles nos levaram até onde estamos.

Esbás

Além da Roda do Ano wiccana que celebra os quatro equinócios e os quatro sabás, os wiccanos também têm uma segunda Roda do Ano que celebra todas as doze Luas cheias ao longo do ano. Esses Esbás são celebrações rituais em homenagem à Lua e à sua Deusa, que as reverenciam em toda a sua glória.

Pelo fato de a Deusa Tríplice ser tão sagrada para a Wicca, os covens normalmente se reúnem para realizar vários rituais ao redor da Lua, como lançar feitiços em grupo, gerar energia coletiva ou apenas se aquecer à luz restauradora desse astro.

Um ritual que os covens realizam durante o Esbá é o de atrair a Lua. Esse é um processo espiritual transformador em que a líder ou sacerdotisa do coven usa sua energia para "puxar" a energia da Lua para o corpo físico das bruxas, de modo que absorvam o poder desse astro dentro dele. A energia da Lua cheia pode ajudá-las a aumentar seu poder mágico, a manifestar com mais rapidez seus desejos e até mesmo a gerar energia de cura.

Os Esbás podem ser realizados no coven ou individualmente, por bruxas solitárias. Algumas bruxas até realizam Esbás para a Lua nova. Qualquer método é perfeitamente aceitável, desde que a bruxa faça o que parece certo para ela e seu relacionamento com esse astro.

A Lua Azul

A cada dois anos e meio, duas Luas cheias acontecem no mesmo mês do calendário. Essa segunda Lua cheia é conhecida como Lua Azul, uma Lua cheia poderosa, que emite uma frequência de energia mais elevada do que a Lua normal. Quando a Lua Azul acontecer, você pode tirar o máximo proveito dela, sem deixar que essa ocasião mágica seja desperdiçada quando lançar os seus feitiços.

As Fases Lunares[1]

Demora de 27 a 29 dias para a Lua dar uma volta em torno da Terra. Como é o Sol que ilumina a Lua, da Terra nós a vemos em diferentes ângulos, dependendo da época do mês: às vezes cheia, às vezes em forma de meia-lua e às vezes ausente no céu. Essas aparições são conhecidas como fases. A Lua passa por oito delas durante seu ciclo mensal. Cada uma dessas oito fases tem uma vibração única que é transmitida para o nosso planeta.

As bruxas costumam usar as fases lunares no planejamento de feitiços, de rituais e até mesmo das reuniões do coven, como nos Esbás. Ao aprender sobre as fases lunares, você pode aproveitar melhor a energia da Lua em seu ofício, entender as vibrações de cada dia e até aumentar o poder dos seus feitiços.

Lua Nova

A Lua nova representa o início do novo ciclo lunar que está ocorrendo. Ela representa uma lousa em branco, onde você pode refletir sobre o ciclo anterior e pensar sobre seus sonhos e objetivos para as próximas fases. É um momento para estabelecer intenções e manifestar seus desejos. Experimente fazer rituais para definir suas intenções, feitiços para atingir o sucesso e rituais de limpeza, adivinhação, manifestação, bênção, quebra de maldições e renovação emocional.

---

[1] As ilustrações das fases da Lua nesta seção mostram a Lua do ponto de vista de um observador do Hemisfério Norte, onde o Sol ilumina a Lua a partir do lado contrário ao que ilumina no Hemisfério Sul. (N. da T.)

Lua Crescente

Agora que você sabe o que quer, é tempo de planejar e se preparar durante a Lua crescente. A energia é absorvida facilmente durante esta fase, enquanto você se empenha para plantar as sementes de manifestação dos seus objetivos. Este não é um momento para ser discreta; expresse em alto e bom som o que você quer. Experimente lançar feitiços para realçar sua beleza, aumentar suas habilidades psíquicas, incentivar a positividade, manifestar energia positiva e também criar novos feitiços.

Lua Crescente Gibosa

O período entre o quarto crescente e a Lua cheia é o momento de aperfeiçoar suas técnicas e repensar suas estratégias. Você pode perceber que precisa experimentar uma abordagem diferente para conseguir o que quer ou mudar seus objetivos para torná-los mais viáveis. Por outro lado, a Lua crescente gibosa também é um sinal de que você está perto de alcançar o que deseja. Apenas continue! Experimente rituais de renovação de forças, feitiços para aumentar a energia, feitiços de atração, feitiços para o sucesso, feitiços de cura e magia construtiva.

Quarto Crescente

Agora é hora de seguir sua inspiração para sair em busca do que deseja. À medida que avança em sua jornada, você pode começar a enfrentar obstáculos que estejam impedindo o seu avanço. No decorrer desta fase, você precisa mostrar força, determinação e compromisso para superar esses obstáculos. Experimente realizar rituais; feitiços para atrair dinheiro; feitiços para o sucesso e para encontrar objetos perdidos; feitiços para intensificar sua força e para atrair um familiar (companheiro animal), e feitiços de proteção.

Lua Cheia

A Lua cheia é a mais poderosa de todas as fases lunares. Colha os frutos dos seus esforços e conclua os planos que você fez durante a Lua nova. Use o poder pleno da Lua para manifestar o que quer na sua vida e desenvolver seus eus mágico e espiritual. Essa época é também quando os Esbás são, por tradição, celebrados. Experimente fazer Água da Lua; energizar instrumentos; praticar meditação, adivinhação, trabalho com sonhos, gratidão, rituais de desapego, feitiços de proteção, feitiços de cura, feitiços de criatividade, banhos de lua, feitiços de trabalho, feitiços de dinheiro, feitiços de amor, feitiços de beleza e rituais de Esbá.

Lua Minguante Gibosa

Depois de absorver o poder da Lua cheia, a Lua minguante gibosa (fase entre a Lua cheia e o quarto minguante) encoraja você a dar um passo para trás e praticar a introspecção. É um momento para praticar a gratidão e liberar o que não serve mais para você. Olhe para o que você ganhou durante a Lua cheia e como isso a fez se sentir. Experimente se purificar da energia negativa, quebrando maldições, realizando feitiços de banimento e de desamarração, praticando a gratidão e fazendo feitiços e rituais de conclusão.

Quarto Minguante

Depois de toda essa introspecção, a Lua minguante estimula você a abandonar os hábitos prejudiciais que desenvolveu e a encontrar maneiras de superar seus obstáculos. Este é um período de transformação, em que você se prepara para o final deste ciclo lunar. Experimente realizar rituais de transição, para eliminar maus hábitos, e de limpeza e banimento, além de feitiços para resistir a tentações e superar obstáculos.

Lua Minguante

Nesta última fase do ciclo lunar, é hora de descansar e refletir. Entregue-se ao universo e deixe a Deusa Tríplice tomar a roda. Descanse mente, corpo e espírito, para que você possa se preparar para o novo ciclo lunar. Não se esforce demais agora; você precisará economizar sua energia. Experimentar banimentos, rituais e feitiços de relaxamento, maldições, limpeza e reflexão silenciosa.

A Lua através dos Signos[2]

A Lua leva 28 dias e meio para percorrer os doze signos do zodíaco, portanto ela permanece em cada signo por dois dias e meio. Durante esse período, esse astro assume as características desse signo e transfere essas vibrações energéticas para nós na Terra. Saber em que signo a Lua está pode ajudá-la a entender a energia do dia, a melhor maneira de usar essa energia em seu ofício e a aproveitar ao máximo a fase lunar. Também é útil para você entender os temas da Lua nova e cheia, em que as influências dos signos do zodíaco são ampliadas.

---

[2] As referências à época da entrada da Lua em cada signo, nesta seção, são baseadas no Hemisfério Norte, assim como o nome tradicional de cada Lua que também foi escolhido com base nas estações desse hemisfério. (N. da T.)

Lua em Áries

Quando a Lua está em Áries, você é motivada a se abrir para novos começos e novos caminhos, e a liderar com bravura o caminho para outras pessoas. Você é estimulada a confiar em seus instintos e a se munir de coragem para ir aonde nenhuma bruxa jamais esteve. No entanto, embora você se sinta independente, ousada e enérgica, o controle que exerce sobre os seus impulsos não é o melhor. Você pode ficar um pouco inconsequente com relação às suas ações e palavras.

LUA NOVA EM ÁRIES: A Lua nova em Áries é a primeira Lua nova do ano novo astrológico, quando o Sol também está em Áries, tornando-se verdadeiramente um período de novos começos. Esta Lua nova não apenas permite que você plante as sementes para os próximos seis meses, mas também define o ano inteiro - então pense realmente na vida que deseja criar para si mesma e empreenda pequenas ações para torná-la uma realidade.

LUA CHEIA EM ÁRIES: Conhecida como a Lua do Caçador, a Lua cheia em Áries costuma ocorrer no início do outono, quando o Sol está em Libra. Esta é a época em que você "colhe" as sementes que plantou em março e vê o que pode usar no inverno que se aproxima - ou segue em frente se seus objetivos não deram certo. É também a hora de ver onde usou suas energias e talentos nos últimos seis meses e se eles deram certo.

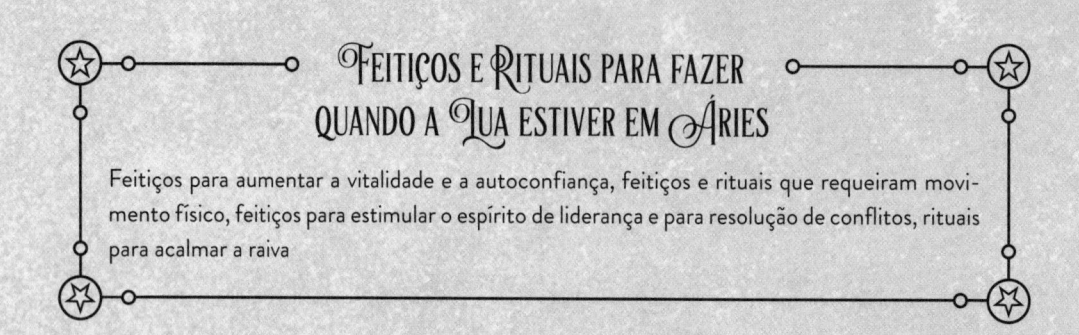

Feitiços e Rituais para fazer quando a Lua estiver em Áries

Feitiços para aumentar a vitalidade e a autoconfiança, feitiços e rituais que requeiram movimento físico, feitiços para estimular o espírito de liderança e para resolução de conflitos, rituais para acalmar a raiva

Lua em Touro

A época da Lua em Touro é a sua oportunidade para desacelerar e levar a vida num ritmo mais constante. Você pode fazer uma pausa e aproveitar a vida, saboreando uma boa xícara de café ou sentindo a grama sob os pés. Este é um momento reconfortante e de repouso, enquanto você busca segurança e se reconecta com seus sentidos básicos. No entanto, certifique-se de não se acomodar e ficar presa a maus hábitos.

LUA NOVA EM TOURO: Ocorrendo em meados da primavera, durante o período de Touro, a Lua nova em Touro ajuda você a avançar de maneiras tangíveis, rumo aos seus objetivos e aspirações. Desde fazer visualizações até lançar feitiços, você é estimulada a arregaçar as mangas para manifestar os desejos do seu coração.

LUA CHEIA EM TOURO: Conhecida como a Lua do Castor, esta Lua cheia ocorre em meados do outono, durante o período de Escorpião. A Lua cheia de Touro encoraja você a se ancorar e usar todos os seus sentidos para realmente aproveitar seu tempo aqui na Terra. Volte-se para o que é mais simples e importante, e aproveite o que conquistou, mesmo que seja apenas continuar viva e respirando.

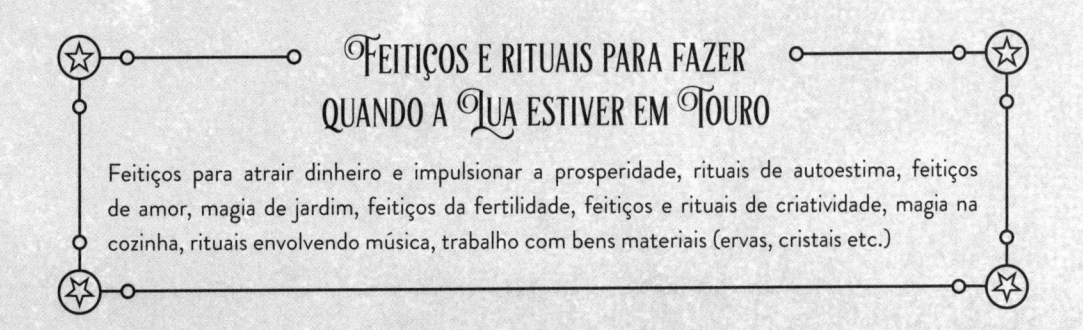

Feitiços e rituais para fazer quando a Lua estiver em Touro

Feitiços para atrair dinheiro e impulsionar a prosperidade, rituais de autoestima, feitiços de amor, magia de jardim, feitiços da fertilidade, feitiços e rituais de criatividade, magia na cozinha, rituais envolvendo música, trabalho com bens materiais (ervas, cristais etc.)

Lua em Gêmeos

Quando a Lua está em Gêmeos, você consegue se comunicar com facilidade, especialmente quando está expressando seus sentimentos e emoções. Esteja escrevendo, falando ou apenas pensando, você se sente motivada a aprender e a compartilhar seu conhecimento com os outros. Sua curiosidade assume o controle, enquanto você é encorajada a aprender e conversar mais com os outros membros do seu coven. No entanto, esta Lua também pode fazer você pensar demais, sentir-se inquieta e com o humor oscilante.

LUA NOVA EM GÊMEOS: Ocorrendo no final da primavera, durante o período de Gêmeos, a Lua nova neste signo pode servir como uma sessão de *brainstorming*, inspirando grandes ideias para o futuro. Esta não é tanto uma fase de "planejamento", quanto um período para "captação de ideias", então não se preocupe muito com os detalhes e "pense grande".

LUA CHEIA EM GÊMEOS: Conhecida como Lua Fria, a Lua cheia em Gêmeos ocorre no final do outono, quando o Sol está em Sagitário. Depois de passar seis meses "pensando", é hora de arregaçar as mangas, realmente escolher algo para fazer e pôr as mãos na massa. Concentre-se nos mínimos detalhes e canalize sua energia na concretização do seu projeto.

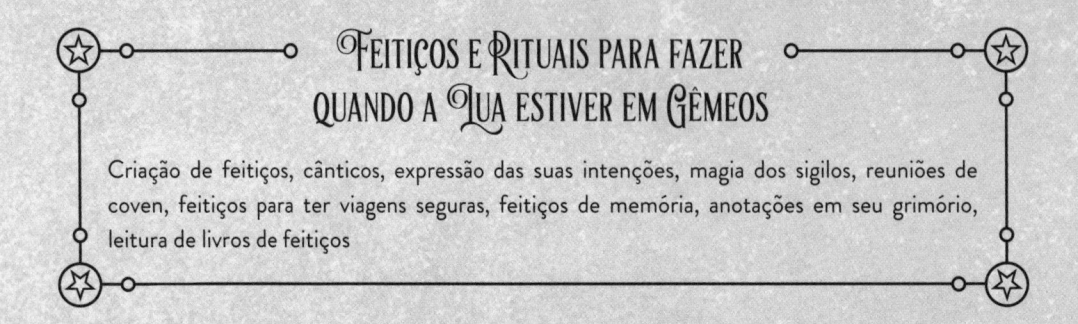

Feitiços e Rituais para fazer quando a Lua estiver em Gêmeos

Criação de feitiços, cânticos, expressão das suas intenções, magia dos sigilos, reuniões de coven, feitiços para ter viagens seguras, feitiços de memória, anotações em seu grimório, leitura de livros de feitiços

Lua em Câncer

Como planeta regente de Câncer, a Lua se sente em casa neste signo. Por causa disso, todos ficam mais caseiros durante esse período. É um momento de prestarmos mais atenção aos membros da nossa família, de cuidarmos de nós mesmas e apenas permitirmos que o corpo e o espírito descansem e se recarreguem no lugar onde nos sentimos mais seguras. No entanto, esta fase da Lua também pode torná-la mais emotiva, mal-humorada e um pouco mais pegajosa do que o normal.

LUA NOVA EM CÂNCER: Ocorrendo no início do verão, quando o Sol está em Câncer, você guarda seus sonhos e desejos para si mesma e os persegue em segredo. Este não é um momento para fazer grandes anúncios, mas para nutrir silenciosamente suas intenções em casa.

LUA CHEIA EM CÂNCER: Conhecida como a Lua do Lobo, normalmente é a primeira Lua cheia do novo ano civil, quando o Sol está em Capricórnio. O que você idealizou durante a Lua nova finalmente se concretiza durante a Lua cheia. Você pode divulgar o que manifestou em segredo. Agora colha os resultados em público!

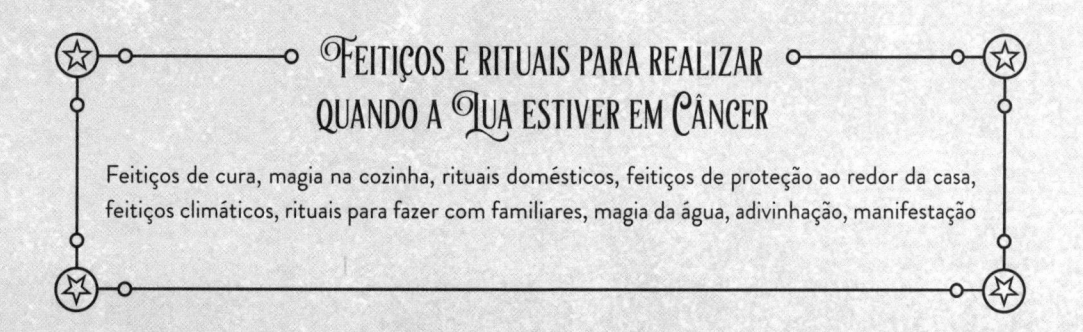

Feitiços e rituais para realizar quando a Lua estiver em Câncer

Feitiços de cura, magia na cozinha, rituais domésticos, feitiços de proteção ao redor da casa, feitiços climáticos, rituais para fazer com familiares, magia da água, adivinhação, manifestação

Lua em Leão

A Lua em Leão a estimula a entrar em contato com a sua "criança interior" e se divertir. Você pode se expressar melhor durante esse período, colocando paixão e energia em empreendimentos criativos e encontrando maneiras de brilhar. Também é um dia de grandes gestos e de revelar seus verdadeiros sentimentos. No entanto, também pode ser um período de drama e de buscar atenção de maneiras pouco saudáveis.

LUA NOVA EM LEÃO: Ocorrendo no meio do verão, quando o Sol está em Leão, a Lua nova neste signo é um momento de autoexpressão, em que você começa algo novo - um relacionamento, uma ideia ou um projeto - e o coloca no centro das atenções para ser posto em prática. Manifeste e conjure com o coração aberto. Pergunte: "O que faz eu me sentir mais viva?".

LUA CHEIA EM LEÃO: Conhecida como a Lua da Neve, a Lua cheia em Leão normalmente ocorre no meio do inverno, quando o Sol está em Aquário. Quando a Lua cheia está em Leão, as coisas realmente esquentam, pois seu coração está mais aberto e você está mais em contato com os seus sentimentos. Não é surpresa alguma que, no Hemisfério Norte, esta Lua geralmente ocorra no Dia dos Namorados. As sementes do amor e da ambição estão finalmente florescendo e você pode celebrar esse amor e o seu sucesso no mundo.

Feitiços e Rituais para Fazer Quando a Lua está em Leão

Feitiços de amor, realização de rituais, manifestação de boas vibrações, rituais para se reconectar com a sua criança interior, feitiços para ter coragem, magia com velas, feitiços de prosperidade, feitiços para aumentar a autoconfiança e ter generosidade, lançamento de feitiços criativos

Lua em Virgem

Quando a Lua está em Virgem, você costuma abordar a vida de um jeito mais prático, organizando sua rotina e reavaliando alguns dos seus planos mais apressados. Nesta fase, você trabalha duro, percebe os pequenos detalhes e consegue ajudar os outros. No entanto, é também nesta época que o seu perfeccionista interior entra em ação, fazendo que você analise demais, se encha de preocupações e seja muito crítica com todos, inclusive consigo mesma.

LUA NOVA EM VIRGEM: A Lua nova em Virgem ocorre durante o final do verão, quando o Sol está em Virgem; no entanto, ela é um pouco diferente da maioria das Luas novas. Em vez de plantar sementes e definir intenções, você colhe ideias, metas e até conquistas. Este é o momento de olhar para o que você cultivou e perguntar: "Para onde vou a partir daqui?". É hora de criar estratégias para saber onde investir sua energia e habilidades daqui em diante.

LUA CHEIA EM VIRGEM: Conhecida como Lua das Minhocas, esta Lua cheia normalmente ocorre no final do inverno, quando o Sol está em Peixes. Este é um momento para se perder em pensamentos e sonhar um pouco com o que você realmente deseja. Esse devaneio pode ajudá-la a entender esses desejos e começar a fazer um plano sólido para tornar suas fantasias realidade.

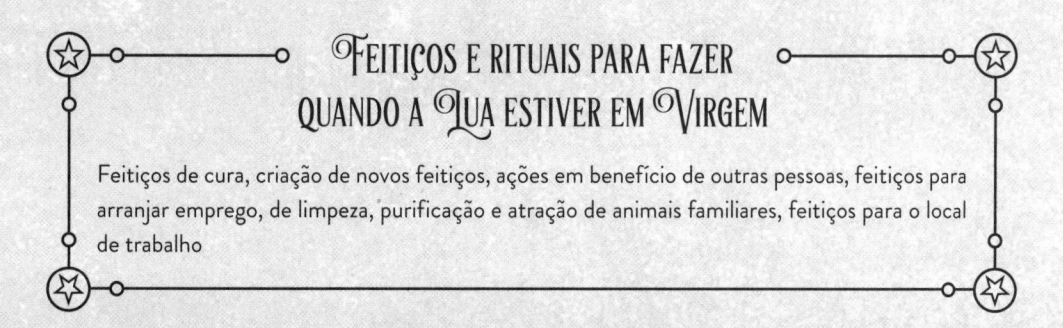

Feitiços e rituais para fazer quando a Lua estiver em Virgem

Feitiços de cura, criação de novos feitiços, ações em benefício de outras pessoas, feitiços para arranjar emprego, de limpeza, purificação e atração de animais familiares, feitiços para o local de trabalho

Lua em Libra

Quando a Lua está em Libra, você se concentra em criar equilíbrio e harmonia por meio de interações agradáveis com os outros, seja resolvendo problemas diplomaticamente, providenciando um lar confortável ou deixando as emoções de lado para chegar a um acordo. Este não é o momento de confrontos ou de tomar grandes decisões, pois você está mais indecisa e inconstante. Em vez disso, você tende a criar relacionamentos que a apoiem e a trabalhar em parceria.

LUA NOVA EM LIBRA: A Lua nova em Libra ocorre durante o início do outono, quando o Sol está em Libra. Esta Lua é sobre estabelecer um equilíbrio em sua vida. Você é estimulada a usar seu bom senso, deixar seus sentimentos de lado e ouvir todos os lados de uma situação para chegar a uma solução pacífica. Novos relacionamentos podem se formar durante esse período, relacionamentos antigos são retomados e você pode finalmente baixar a guarda.

LUA CHEIA EM LIBRA: Conhecida como Lua Rosa, esta é a primeira Lua cheia do ano novo astrológico e ocorre durante o início da primavera, quando o Sol está em Áries. A Lua cheia em Libra ajuda você a se conectar com suas emoções e com as pessoas da sua vida. Você pode ter total clareza em seus relacionamentos e ver o que está fora de equilíbrio. Isso também permite que você ame as pessoas com mais profundidade.

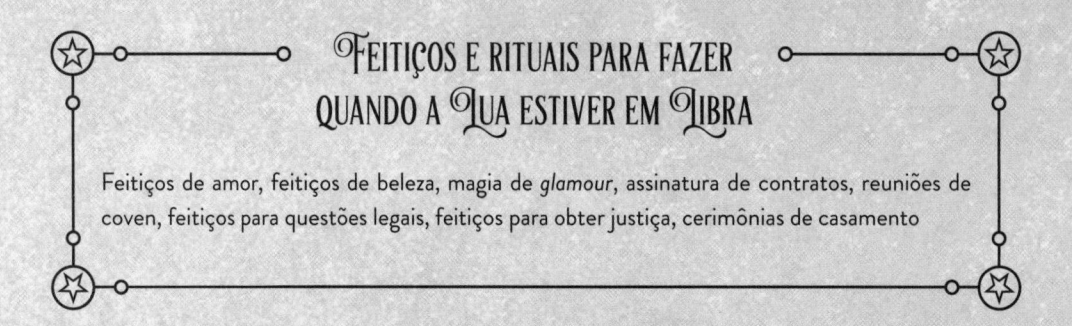

Feitiços e rituais para fazer quando a Lua estiver em Libra

Feitiços de amor, feitiços de beleza, magia de *glamour*, assinatura de contratos, reuniões de coven, feitiços para questões legais, feitiços para obter justiça, cerimônias de casamento

Lua em Escorpião

Quando a Lua está em Escorpião, todas as suas emoções intensas vêm à tona: paixão, raiva, tristeza e prazer são sentidos num nível pessoal. Sua intuição aumenta e você pode facilmente ler nas entrelinhas e descobrir a causa subjacente de muitas atitudes (o que a faz se sentir um pouco mais poderosa). Embora possa ser um momento de superação de medos e de maus hábitos, também pode ser um momento de manipulação, conspiração e planos de vingança.

LUA NOVA EM ESCORPIÃO: A Lua nova em Escorpião ocorre no meio do outono, quando o Sol também está em Escorpião. Este é o momento de mergulhar de cabeça no mar das emoções e ver o que está por baixo da superfície. É também um momento de grandes verdades - mesmo que seja algo que você não queira enfrentar. No entanto, é melhor deixar todas as cartas na mesa e abrir o peito para que finalmente se sinta livre para seguir em frente.

LUA CHEIA EM ESCORPIÃO: Conhecida como a Lua das Flores, a Lua cheia em Escorpião ocorre no meio da primavera, quando o Sol está em Touro. Esta é uma Lua cheia muito intensa, do ponto de vista emocional. Tudo o que estava escondido nas sombras agora se torna conhecido, abalando seus relacionamentos e suas finanças. No entanto, essas revelações são as melhores, pois oferecem a oportunidade de romper maus hábitos e se livrar das pessoas tóxicas da sua vida.

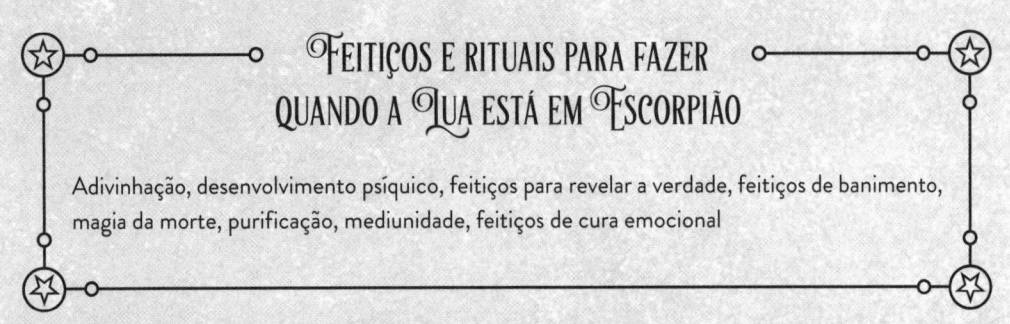

Feitiços e rituais para fazer quando a Lua está em Escorpião

Adivinhação, desenvolvimento psíquico, feitiços para revelar a verdade, feitiços de banimento, magia da morte, purificação, mediunidade, feitiços de cura emocional

Lua em Sagitário

Quando a Lua está em Sagitário, você ganha uma dose extra de otimismo e positividade. Este é um momento para aventuras, estudos e busca de novas visões da vida que você deseja. É hora de olhar para o quadro geral sem se prender a cada pequeno detalhe. A espontaneidade é a chave, mas tente não se tornar muito descuidada nem exagerar muito nas coisas agradáveis.

LUA NOVA EM SAGITÁRIO: A Lua nova ocorre no final do outono, quando o Sol está em Sagitário, e é a posição mais otimista para a Lua nova estar. Enquanto a Lua está em sua fase mais escura, Sagitário encoraja você a criar sua própria luz, deixar o passado doloroso para trás, e a dar a boas-vindas ao seu melhor e mais brilhante futuro.

LUA CHEIA EM SAGITÁRIO: Conhecida como Lua de Morango, a Lua cheia em Sagitário ocorre no final da primavera, quando o Sol está em Gêmeos. Agora é a hora de se concentrar em seus objetivos de longo prazo e manter um padrão moral mais elevado. Você passou os últimos seis meses se desvencilhando do passado, agora está descobrindo as maravilhas que seu futuro lhe reserva.

Feitiços e rituais para você fazer quando a Lua estiver em Sagitário

Feitiços dos sonhos, feitiços para ter viagens seguras, rituais da sorte, criação de talismãs da sorte, estudos, feitiços para ter mais otimismo, feitiços de resiliência, rituais de banimento

Lua em Capricórnio

Quando a Lua está em Capricórnio, você fica um pouco mais séria e reservada do que o normal. Este é um momento para estruturar e fazer planos à medida que suas ambições e desejo de sucesso aumentam. Você é movida pela necessidade de alcançar algo grande durante esta fase. No entanto, muitas vezes pode ficar sobrecarregada ou pessimista e esgotar suas energias rapidamente em sua busca pelo sucesso.

LUA NOVA EM CAPRICÓRNIO: Em geral, a primeira Lua nova do ano civil, a Lua nova em Capricórnio ocorre quando o Sol está nesse signo, tornando-se um momento crítico para definir intenções e começar a fazer mudanças substanciais em sua vida. Este é o momento ideal para definir grandes metas, pois sua maior motivação e ambição a ajudarão a trabalhar para chegar ao topo. A Lua nova também aumenta a paciência e a disciplina, portanto, use-as com sabedoria.

LUA CHEIA EM CAPRICÓRNIO: Conhecida como Lua dos Cervos, a Lua cheia em Capricórnio ocorre durante o início do verão, quando o Sol está em Câncer. Durante esta Lua cheia, você precisa trabalhar com mais afinco para terminar o que começou seis meses atrás. Este não é o momento de se contentar com um "não", mas de enfrentar os obstáculos de uma vez por todas.

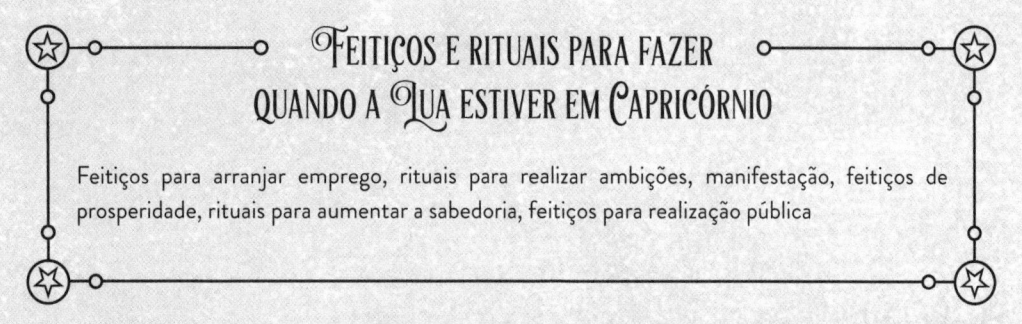

Feitiços e rituais para fazer quando a Lua estiver em Capricórnio

Feitiços para arranjar emprego, rituais para realizar ambições, manifestação, feitiços de prosperidade, rituais para aumentar a sabedoria, feitiços para realização pública

Lua em Aquário

Quando a Lua está em Aquário, você fica receptiva a coisas novas e incomuns. Seus olhos estão abertos para o que precisa ser melhorado e você desenvolve ideias originais sobre como resolver os problemas que a incomodam. Você olha para o futuro, fazendo *brainstormings* e mudanças progressivas, e sendo original. No entanto, pode ser difícil cumprir um cronograma e você pode afastar as pessoas com suas ideias "extravagantes".

LUA NOVA EM AQUÁRIO: Ocorrendo no meio do inverno, quando o Sol está em Aquário, a Lua nova em Aquário incentiva você a se libertar do que a aprisiona. Você pode expandir seus pontos de vista e divisar várias versões do futuro que podem ser viáveis no seu caso. Porém, é preciso manter os pés no chão, para não se sobrecarregar com o excesso de ideias.

LUA CHEIA EM AQUÁRIO: Muitas vezes conhecida como Lua do Esturjão, a Lua cheia em Aquário ocorre no meio do verão, quando o Sol está em Leão. A Lua cheia em Aquário lembra que você faz parte de um coletivo maior: seu coven, seu poder, as outras pessoas e até a Mãe Terra. Suas ações afetam e beneficiam a todos da maneira certa, então use essa energia para melhorar sua comunidade, realizar uma reunião do seu coven ou apenas sair com os amigos.

Feitiços e rituais para fazer quando a Lua estiver em Aquário

Feitiços para a amizade, feitiços com tecnologia, romper maus hábitos, feitiços para resolução de problemas, feitiços para conhecer novas pessoas, feitiços em grupo, reuniões de coven, feitiços da sorte

Lua em Peixes

Quando a Lua está em Peixes, você se torna mais compassivo e sensível, e sua intuição aumenta, à medida que você imagina um mundo de possibilidades ilimitadas. Durante esta fase, sua consciência espiritual se intensifica e você se sente um pouco mais conectada com o universo. No entanto, também pode ser difícil distinguir entre fantasia e realidade, então use seus instintos ao tomar decisões, pois pode ser fácil enganar a si mesma.

LUA NOVA EM PEIXES: Geralmente ocorrendo no final da primavera, quando o Sol está em Peixes, a Lua nova em Peixes a inspira a imaginar o futuro que deseja manifestar. Esta é normalmente a última Lua nova do calendário astrológico, que dá a você um momento para fantasiar sobre o ano novo e o que deseja alcançar. Também é a época ideal para curar velhas feridas emocionais e se tornar a sua melhor versão. Esta é a Lua nova para ficar mais introspectiva e refletir.

LUA CHEIA EM PEIXES: Conhecida como Lua da Colheita, a Lua cheia em Peixes normalmente ocorre no final do verão, quando o Sol está em Virgem. A Lua cheia em Peixes é um momento de compaixão e de dar a mão a quem precisa. É também um momento para usar sua inspiração e tomar medidas tangíveis para tornar seus sonhos realidade.

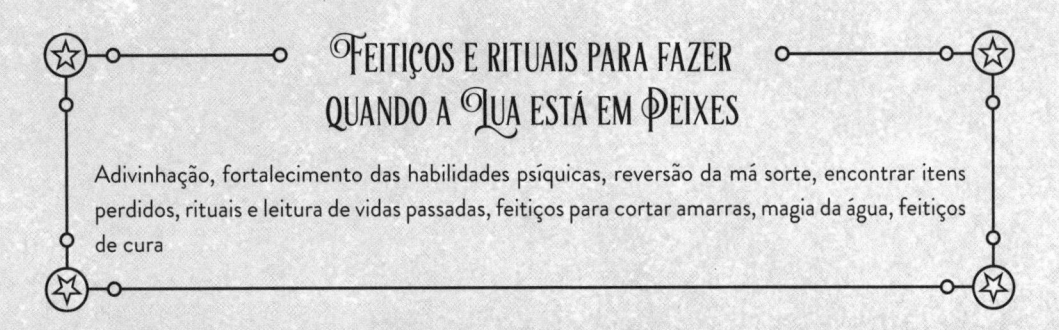

Feitiços e rituais para fazer quando a Lua está em Peixes

Adivinhação, fortalecimento das habilidades psíquicas, reversão da má sorte, encontrar itens perdidos, rituais e leitura de vidas passadas, feitiços para cortar amarras, magia da água, feitiços de cura

Ritual da Lua Nova

A Lua nova é um dos melhores momentos para realizar um ritual, especialmente se você está tentando definir uma intenção ou iniciar um novo capítulo na sua vida. Você pode realizar este ritual durante qualquer Lua nova, mas ele terá uma potência maior se realizá-lo quando a Lua estiver no mesmo signo que a sua Lua natal. Portanto, se você tem a Lua em Touro, por exemplo, é recomendável que faça este ritual durante a Lua nova em Touro.

MATERIAIS

- Espaço suficiente para se sentar com conforto (de preferência no chão)
- Incenso ou borrifador com água perfumada de sândalo
- Cristais associados ao signo do zodíaco em que a Lua está
- Papel
- Caneta
- Vela branca
- Isqueiro

Opcional:
- Apagador de velas

1 Acenda o incenso ou borrife a água perfumada de sândalo no cômodo para purificá-lo e ajudar você a se ancorar.

2 Pegue os cristais, a caneta e o papel e sente-se no chão. Coloque os cristais ao seu redor em círculo. Se desejar, segure um deles com a mão esquerda, especialmente se estiver procurando manifestar as propriedades dessa pedra.

3 Faça algumas respirações para se centrar. Quando estiver pronta, escreva tudo o que deseja manifestar durante esse ciclo lunar, como se já os tivesse manifestado. Por exemplo, se você quiser um emprego, escreva: "Estou tão feliz por já estar trabalhando num lugar que adoro e sou tratada com respeito!". Se você não tiver caneta e papel à mão, apenas pense no que deseja.

4 Quando terminar, respire mais algumas vezes para se acalmar e diga, em voz alta, o seguinte: "Querida Luna, eu venho a ti, pedindo humildemente que nós duas possamos começar uma nova fase. Que meu sonho possa se tornar realidade com um pouco da sua ajuda e sabedoria. Eis quem estou me tornando nesta próxima fase". Depois, leia a lista do que quer manifestar ou fale tudo o que espera que se manifeste.

5 Levante-se e acenda a vela. Ao acendê-la, diga: "Com esta luz, estou criando a centelha dos meus novos começos. Estou deixando a escuridão para trás e entrando num futuro iluminado. Que assim seja".

6 Observe a vela queimar por alguns minutos, pensando em tudo que você quer alcançar nos seis meses seguintes. Quando se sentir pronta, apague a vela. Feche o círculo e coloque os cristais e sua lista em seu altar para serem energizados.

Ritual da Lua Cheia

Quando a Lua está totalmente visível, ela também está mais potente e podemos sentir toda a sua força aqui da Terra. É importante realizar um ritual para celebrar o poder da Lua e usar um pouco da sua magia em nossos feitiços. Você pode fazer este ritual durante qualquer Lua cheia. Para melhores resultados, faça-o quando a Lua cheia estiver no mesmo signo da sua Lua natal. Portanto, se a sua Lua estiver em Leão, é recomendável que você faça este ritual durante a Lua cheia de Leão.

MATERIAIS

- Um lugar de onde você possa ver a Lua, ou ao ar livre ou de uma janela
- Cristais associados com o signo em que a Lua cheia está
- Água limpa num pote de conserva (ou qualquer frasco)

Opcional:
- Música

1. Vá para um lugar de onde você possa ver a Lua, de preferência ao ar livre, para que possa absorver a luz dela; você também pode ficar em frente a uma janela de onde possa ver a Lua, apenas se certifique de que terá espaço suficiente.

2. Purifique seu espaço e lance o círculo. Coloque os cristais e a água ao luar para que possam ser energizados.

3. Respire fundo algumas vezes para se centrar. À medida que faz isso, pense em todas as coisas que este ciclo lunar lhe deu. Até que ponto a sua vida tem sido diferente de seis meses atrás? O que a está deixando feliz? Por que você está triste? Deixe que essas mudanças fluam através de você.

4 Quando estiver pronta, deixe seu corpo começar a se mover: você pode dançar, pode andar por aí, pode até alongar o corpo em direção à Lua. Faça o que lhe parecer mais natural. Se tiver preparado uma música, coloque-a para tocar agora.

5 Agora que seu corpo está aquecido, diga: "Querida Luna, estou aqui para homenagear seu poder e absorver a sua luz. Obrigada por todas as bênçãos que recebi e o poder que usei para realizar meus desejos". Em seguida, liste tudo pelo qual você é grata. Os resultados positivos. As duras lições que aprendeu. Tudo que a levou até este ponto em que está.

6 Quando terminar, pegue a água e faça um gesto em direção à Lua, dizendo: "Obrigada, Mãe Lua, por todas as bênçãos que recebi. Com este gole, vou aumentar meu poder pessoal e me tornar capaz de alcançar tudo que quero. Tudo de que preciso já está dentro de mim". Tome um gole.

7 Quando terminar, dance um pouco mais, se quiser. Quando estiver pronta, termine o ritual com uma leve reverência em direção à Lua e diga: "Assim seja".

8 Feche o círculo e purifique seu espaço. Deixe os cristais e a água no peitoril da janela para serem energizados pela luz da Lua cheia. Use a Água da Lua em qualquer feitiço.

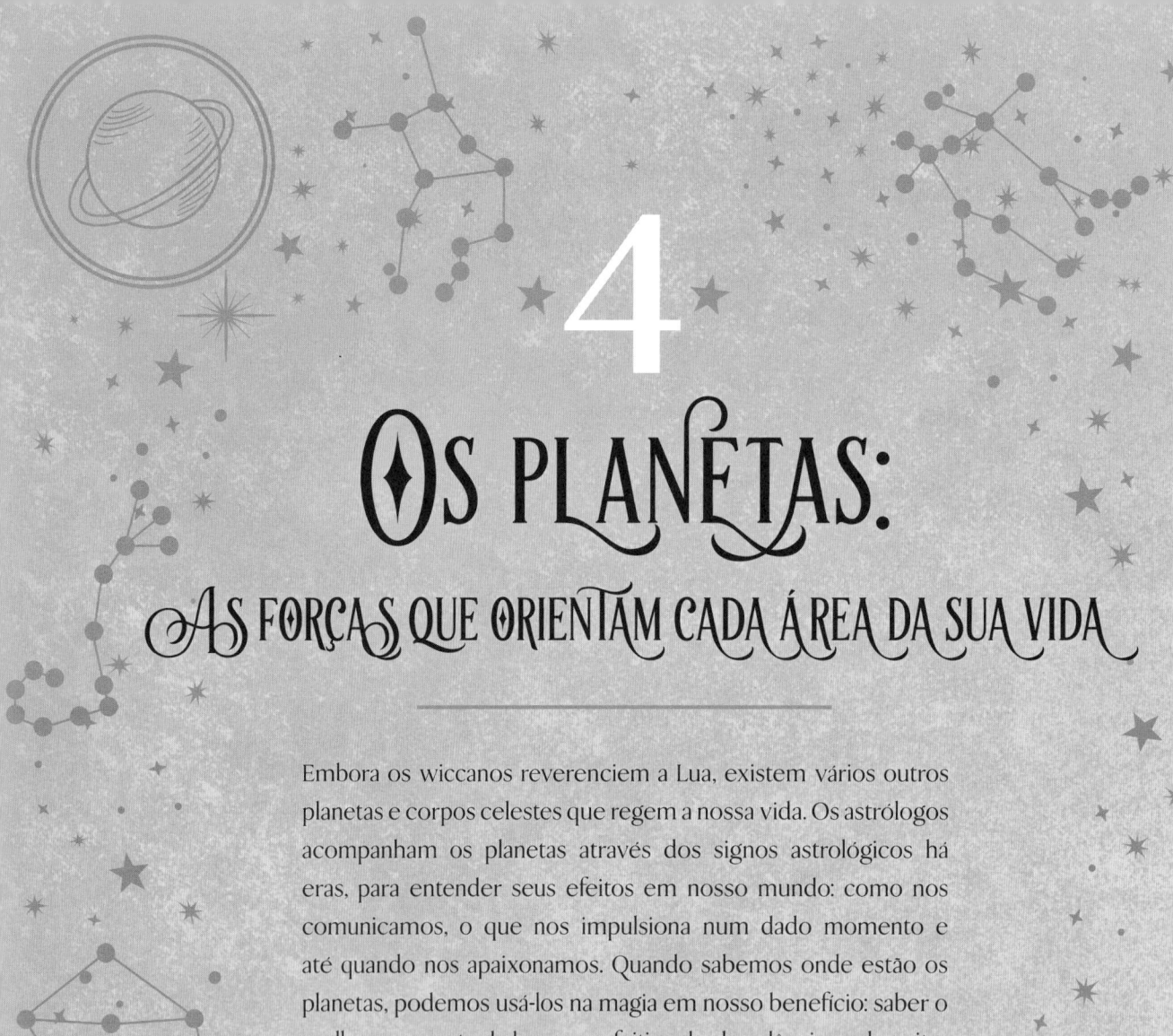

4
Os planetas:
As forças que orientam cada área da sua vida

Embora os wiccanos reverenciem a Lua, existem vários outros planetas e corpos celestes que regem a nossa vida. Os astrólogos acompanham os planetas através dos signos astrológicos há eras, para entender seus efeitos em nosso mundo: como nos comunicamos, o que nos impulsiona num dado momento e até quando nos apaixonamos. Quando sabemos onde estão os planetas, podemos usá-los na magia em nosso benefício: saber o melhor momento de lançar um feitiço de abundância ou de evitar lançar feitiços nas pessoas, por exemplo, ou de nos aperfeiçoar em nosso ofício. Também podemos tentar trazer as energias de certos planetas para nossos feitiços e rituais, usando os cristais e ervas associados a cada planeta.

Nos capítulos a seguir, vamos examinar a influência do Sol, de Mercúrio, de Vênus, de Marte, de Júpiter e Saturno em nossa vida e na nossa prática de magia, e como eles se movem através de cada signo. Embora Urano, Netuno e Plutão sejam planetas importantes e exerçam influência sobre a nossa vida, eles estão mais associados ao sistema moderno de Astrologia e a Wicca enfoca os sistemas mais tradicionais. Urano, Netuno e Plutão também se movem muito lentamente, levando anos para atravessar um único signo, por isso traçar a trajetória desses planetas não é tão difícil nem tão necessário quanto fazer o mesmo com o planeta Mercúrio, por exemplo, que se movimenta com mais rapidez.

Antes dos computadores, traçar a trajetória dos planetas não era fácil, pois eram necessários muitos cálculos, além do acesso a um telescópio decente. Porém, graças à tecnologia moderna, hoje em dia basta uma consulta à internet. Se você tem curiosidade de saber em que signo está cada planeta no momento, consulte a sessão de referências (na p. 168) para conhecer alguns sites que oferecem essa informação.

Planetas Retrógrados

Se você tem ao menos uma leve familiaridade com a Astrologia, provavelmente já ouviu falar nos planetas retrógrados (normalmente negativamente). Embora esses planetas tenham uma reputação assustadora, eles não são tão ruins quanto as pessoas costumam pensar. O planeta retrógrado é simplesmente o planeta que causa a impressão de estar se movendo para trás no céu. No entanto, ele não está, de fato, se movendo para trás; essa é apenas o modo como o vemos da perspectiva da Terra. Apesar disso, o planeta retrógrado exerce um efeito sobre nós. Ele pode causar um certo rebuliço numa área da nossa vida, como contratempos, atrasos e imprevistos. E ele pode afetar nossa magia também. Por exemplo, é melhor não fazer magia para atrair dinheiro quando Vênus estiver retrógrado, pois ela não vai ser eficaz. E os feitiços lançados quando Marte está retrógrado podem demorar muito mais para dar resultados. Por isso, preste muita atenção a qualquer planeta retrógrado antes de fazer uma magia importante. (Você encontrará mais informações sobre os planetas retrógrados nas seções referentes a cada planeta.)

Mesmo assim, os planetas retrógrados não são tão ruins assim. Eles podem nos ajudar a ficar mais atentas às mudanças que precisamos fazer, aos momentos em que precisamos desacelerar o ritmo e a investir nas coisas mais importantes da vida, pois elas podem mudar num piscar de olhos.

Sol

Eu sei, o Sol não é um planeta. Porém, se levarmos em conta que a Terra gira em torno do Sol e ele é essencial para nos manter vivos, podemos facilmente deduzir por que esse astro tem tanta importância na Astrologia. Assim como as bruxas reverenciam e celebram a Lua, elas também precisam reverenciar e reconhecer o Sol, pela luz, calor e energia abundante que ele nos oferece. Enquanto a Lua se move em ciclos, o poder do Sol é total e ele tem um brilho radiante.

> **CRISTAIS ASSOCIADOS AO SOL:**
> Cornalina, calcita laranja, pedra do sol, olho de tigre
>
> **ERVAS ASSOCIADAS AO SOL:**
> Angélica, junípero, alecrim, girassol

Na Astrologia, o Sol representa o espírito da vida. Ele é associado ao eu, à energia, à criatividade e à vitalidade. Quando o Sol passa por um determinado signo, você sente a energia desse signo, mesmo que ele não seja o seu signo solar. O Sol tem tudo a ver com energia e o que fazemos com ela, e a sua vibração é importante. Por exemplo, quando ele está em Áries, é importante aproveitar a ousadia e a coragem que o Sol transmite para iniciar novos projetos e assumir riscos calculados. Caso contrário, levará um ano inteiro para você sentir essa mesma energia novamente.

O Sol através dos Signos

O Sol se move por um signo a cada trinta dias ao longo de um ano civil inteiro e não passa por nenhum planeta retrógrado.

O Sol em Áries

Quando o Sol energiza o ardente Áries, sua magia é entusiasmada e espontânea, motivada pelo desejo de conquistar tudo que está no seu caminho. Você está interessada em iniciar coisas novas na vida e isso inclui desde feitiços até novas metas. Sua magia é ousada, pioneira e inocente, pois você está aberta para as maravilhas e possibilidades ao seu redor. Você se sente poderosa e invencível, o que pode torná-la imprudente e impulsiva. Felizmente, você sempre pode recuar.

Sol em Touro

Quando o Sol está em Touro, sua magia se move num ritmo lento e constante. Você é mais metódica quando se trata da sua prática e saboreia cada passo do caminho. Você se sente estimulada a fazer as coisas no seu ritmo e a usar todos os seus sentidos em seu ofício. Determinação e resistência são a chave para o seu sucesso, mas eles podem levar à teimosia e a um sentimento de posse.

Sol em Gêmeos

Quando o Sol está em Gêmeos, você sente uma sede insaciável por conhecimento e tem curiosidade para saber sobre tudo e qualquer coisa. Suas energias estão dispersas, pois você se interessa por vários assuntos, desde a divinação com folhas de chá até encantamentos. Embora não seja a época ideal para lançar grandes feitiços, é o momento perfeito para explorar todas as suas opções e se adaptar ao que quer que a vida lhe reserve.

Sol em Câncer

Quando o Sol está em Câncer, você se torna um pouco mais protetora com relação à sua magia e sua intuição fica em alerta máximo. Você tende a cuidar da sua casa e da sua família, e fazer coisas que lhe trazem segurança. Você cultiva suas habilidades mágicas e cuida da sua magia para torná-la mais forte. No entanto, suas emoções estão mais intensas e seu mau humor pode causar uma certa atribulação a todos.

Sol em Leão

Quando está em Leão, o Sol está de volta à sua casa e você pode aproveitar o calor de um feliz reencontro. Este é o momento ideal para celebrar a sua magia e encontrar a sua própria maneira de brilhar. Você realiza rituais como se estivesse atuando num palco, decorando com ousadia o seu altar, com cores e adereços. É a hora de ser o seu eu mais autêntico.

Sol em Libra

Quando o Sol está em Libra, o "eu" rapidamente se torna "nós" em todos os aspectos da vida. Sua magia ajuda a forjar compromissos e parcerias equilibradas e justas para todos os envolvidos. A vida é linda neste mesmo instante e você pode usar a magia para criar a sua própria beleza. No entanto, esta não é a melhor hora para tomar decisões, pois você também estará se sentindo consumida diante das muitas escolhas.

Sol em Virgem

Quando o Sol está em Virgem, sua energia se volta para os detalhes mais sutis da sua vida, à medida que você aprimora sua magia com capricho. Agora você pode analisar claramente a sua vida e ver o que precisa ser consertado e como pode melhorar as coisas. Sua magia se torna prática, conforme você aprende a aperfeiçoar suas habilidades e organizar seu ambiente sem se estressar.

Sol em Escorpião

O Sol em Escorpião cria um período intenso e você pode usar sua magia para transformar sua vida em quase todos os sentidos. Sua intuição está aguçada, perfeita para a adivinhação, sessões mediúnicas ou para tentar descobrir a si mesma. Este pode ser um momento de cura poderoso ou um tempo para buscar vingança e acertar as contas - a escolha é sua.

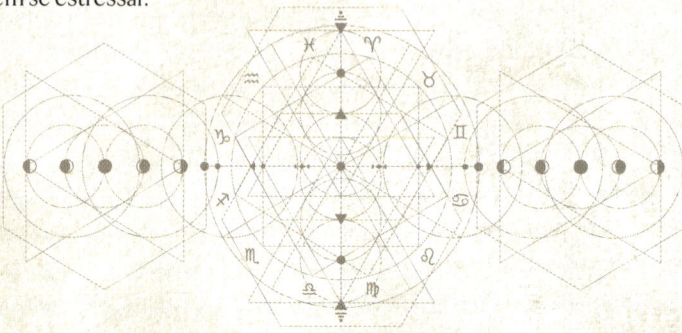

Sol em Sagitário

Quando o Sol está em Sagitário, você anseia por entender as vibrações do mundo. Você é uma buscadora de conhecimento, que usa sua magia para desbloquear as verdades sobre o mundo. Tudo o que você faz agora é feito com otimismo e amor universais. Sua magia irradia esperança e fé. No entanto, com toda essa motivação, paixão e coragem extras, é fácil acabar esgotando suas forças e se exceder.

Sol em Aquário

Quando o Sol está em Aquário, sua magia é atraída para tudo que é original e inovador. Você se desvia da tradição para forjar seu próprio caminho. Você é atraída pela energia coletiva das comunidades e pelo universo como um todo, ao mesmo tempo em que pensa em como pode fazer uma diferença. Você anseia por liberdade, mas seus objetivos elevados podem estar um pouco fora de alcance.

Sol em Capricórnio

Quando o Sol está em Capricórnio, sua magia é focada e determinada enquanto você exerce seu poder para realizar suas ambições. Você está focada em assumir muitas novas responsabilidades durante este período, mas isso não é nada com que não possa lidar. Você pode suportar uma grande carga de trabalho quando está perseguindo seus objetivos de longa data. Cada ação é importante.

Sol em Peixes

Quando o Sol está em Peixes, sua magia e energia são influenciadas pelo altruísmo e pelas emoções. Você pode captar os sentimentos das outras pessoas com tanta facilidade quanto sente os seus próprios, o que influencia sua magia de maneiras tanto positivas quanto negativas. Você confia em sua sabedoria para fazer escolhas e doa sua energia para os outros com devoção, mesmo que isso a deixe exaurida.

Ritual para utilizar a Energia do Sol

Assim como a Lua, o Sol tem uma poderosa energia de purificação e cura que você pode usar para energizar seus cristais, instrumentos e a si mesma. A vantagem é que você não tem que esperar pela Lua cheia para obter todos os benefícios dos seus poderes. Tudo que você precisa é de um dia de verão. Use este ritual para ajudar a trazer vibrações ensolaradas e positivas para a sua magia e dar um grande impulso no seu humor. Para obter melhores resultados, realize este feitiço num domingo, pois é o dia em que o Sol reina.

MATERIAIS

- Um dia ensolarado, quando a temperatura estiver amena
- Uma cornalina, uma calcita laranja, uma pedra do sol e um olho de tigre (ou cristais associados ao signo em que o Sol estiver no momento)
- Pétalas de girassol
- Ramo de alecrim
- Frasco de conserva cheio de água limpa

1 Saia ao ar livre e encontre um bom lugar ensolarado, de preferência perto de uma árvore voltada para o leste, mas não há problema se isso não for possível.

2 Coloque os cristais nos quatro cantos, como numa bússola (Norte, Leste, Sul, Oeste). Fique no centro e faça algumas respirações profundas para se centrar.

3 Quando estiver pronta, jogue as pétalas de girassol no ar à sua frente, deixando que se espalhem pelo chão. Quando caírem, diga: "Querido Sol, humildemente peço a você que ilumine a minha magia com a sua vida eterna. Que seus raios dourados brilhem sobre mim".

4 Agora pegue o raminho de alecrim e, mantendo-o perto do coração, diga: "Com estas oferendas de girassóis e alecrim, peço que um pouco de alegria, luz e energia flua através de mim como a água no meu copo. Que eu possa ser forte. Que eu possa absorver a luz. Que eu possa ser o que preciso ser. Que assim seja".

5 Coloque o raminho de alecrim no chão e sente-se. Segure o frasco com água nas mãos, certificando-se de que ele esteja diretamente sob a luz do Sol. Feche os olhos e pense na sua magia fluindo através do seu corpo. Imagine-a ficando cada vez mais brilhante, resplandecente como a energia do Sol. Imagine os feitiços que lançará, os rituais que realizará, atuando com essa energia. Deixe que essa energia purifique você.

6 Quando estiver pronta, feche o círculo. Guarde essa Água Solar e use-a em chás, feitiços e banhos rituais, para você absorver a energia do Sol quando necessário.

Mercúrio

Conhecido como o planeta da comunicação, Mercúrio não influencia apenas a maneira como falamos, mas também o modo como pensamos, processamos informações e criamos. Enquanto Mercúrio transita pelo zodíaco, ele reflete o signo em que está posicionado, enviando suas vibrações para nós aqui na Terra. Isso pode ajudar a explicar por que, às vezes, passamos um período desafiador processando informações ou por que parece que algo importante acontece todos os dias no noticiário.

> **CRISTAIS ASSOCIADOS A MERCÚRIO:** Ágata rendada azul, jaspe, moldavita, peridoto
>
> **ERVAS ASSOCIADAS COM MERCÚRIO:** Endro, lavanda, alcaçuz, manjerona

Na Bruxaria, Mercúrio ajuda na elaboração de feitiços, estimulando você a escolher quais feitiços usar, como pronunciá-los ou até mesmo o que você deveria evitar no momento. Mercúrio é a sua voz, não apenas o modo como você se comunica nas relações pessoais, mas como se comunica com o universo como um todo.

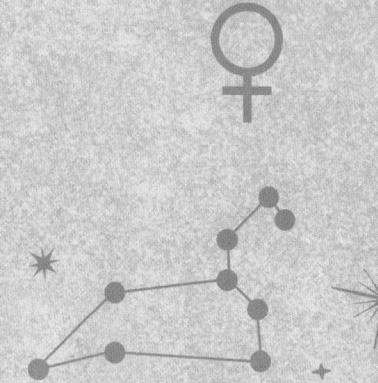

Mercúrio através dos signos

Mercúrio é um dos planetas que se movem mais rápido, passando por um signo a cada duas semanas. No entanto, ele desacelera um pouco devido aos seus três períodos retrógrados anuais.

Mercúrio em Áries

Suas palavras e pensamentos são rápidos e ardorosos quando Áries está em Mercúrio. É fácil lançar feitiços e até criar novos rituais, simplesmente porque lhe apetece. Suas ideias são pioneiras e inovadoras, mas você pode dar um tiro no pé se não for cuidadosa. Não lance encantamentos nem enfeitice ninguém sem refletir muito bem; esses feitiços podem sair pela culatra e prejudicá-la.

Mercúrio em Touro

Seus pensamentos e comunicação são sólidos, estáveis e pé no chão, pois você planeja muito bem antes de lançar quaisquer feitiços importantes. Este é um momento para fazer magia com consciência, organizando tudo de modo a não desperdiçar sua preciosa energia em coisas que não vão servi-la no longo prazo. Você prefere os métodos de magia de comprovação empírica e pode se mostrar muito relutante em fazer mudanças necessárias.

Mercúrio em Gêmeos

Mercúrio está em casa quando entra em Gêmeos, por isso suas palavras fluem facilmente da sua boca durante este período, pois Gêmeos influencia principalmente a comunicação verbal. Você tem sede de conhecimento durante essa fase e pode processar informações com mais rapidez. Este é o momento ideal para aprender novos métodos de magia com facilidade, lançar feitiços curtos e socializar com outras bruxas para obter informações. No entanto, você não vai se aprofundar em nenhum assunto ou relacionamento.

Mercúrio em Câncer

Toda a comunicação e todos os pensamentos adquirem um viés emocional quando Mercúrio está em Câncer; tudo passa a ter um significado mais profundo. Sua magia pode manifestar coisas que têm um significado profundo em seu coração. É difícil ser objetiva agora, pois as emoções estão à flor da pele. Por isso este é o período ideal para feitiços domésticos e de proteção ou para compartilhar rituais com familiares.

Mercúrio em Leão

Este é um período para feitiços que impulsionem a autoconfiança, pois você vai se sentir ousada e corajosa. Você fica mais expressiva, o que faz deste momento a época ideal para grandes rituais, mantras e manifestações. Claro, você pode fazer um pouco de drama, mas será muito divertido. Lembre-se de não exagerar em feitiços e magias que se tornem grandes demais para você gerenciar. Ouça o conselho que bruxas mais experientes lhe dão.

Mercúrio em Virgem

Mercúrio também está em casa quando ingressa em Virgem, embora seja mais fácil se expressar por escrito do que oralmente. Este é o momento ideal para anotar feitiços e intenções por escrito e iniciar ou completar seu grimório. Os feitiços e rituais são feitos com precisão, conforme você vai riscando itens já cumpridos da sua lista de tarefas mágicas. Embora o diabo esteja nos detalhes, não arruíne sua energia positiva tentando fazer tudo ficar perfeito.

Mercúrio em Libra

Quando Mercúrio está em Libra, tudo é uma questão de negociação e diplomacia. Seus feitiços e pensamentos estão focados em como você pode encontrar paz, equilíbrio e harmonia na sua vida. Você pode olhar para todos os pontos de vista e usar sua magia para assumir um compromisso (ou encontrar seu par perfeito). No entanto, este não é um bom momento para tomar decisões, pois você terá dificuldade em abrir a mente.

Mercúrio em Escorpião

Sua comunicação e seu pensamentos estão mais investigativos e intensos quando Mercúrio está no exigente Escorpião. Você está disposta a encontrar todos os esqueletos em todos os armários, incluindo o seu próprio. Este é o momento ideal para praticar adivinhação e usar a sua mediunidade, enquanto tenta obter suas respostas de fontes sobrenaturais. No entanto, você pode se tornar obsessiva ou vingativa, e buscar revanche.

Mercúrio em Sagitário

Quando Mercúrio está em Sagitário, você passa a se interessa por uma ampla gama de assuntos e a ter um profundo desejo de entender as coisas, como, por exemplo, por que fazemos feitiços com velas ou por que reverenciamos a Lua. Você desenvolve uma filosofia de vida, avalia suas visões sobre o mundo e encontra conforto em sua fé. No entanto, você pode não ser tão precisa quanto gostaria se ficar tão focada no "quadro geral" que se esquecer das pequenas coisas.

Mercúrio em Capricórnio

Quando Mercúrio está em Capricórnio, seu pensamento é metódico e a sua comunicação é séria e prática. Você sabe exatamente o que quer e está disposta a fazer o que for preciso para obter isso. Importantes decisões são tomadas enquanto você usa a magia para garantir o seu futuro e prepara uma boa colheita. Você precisa ser lógica e realista sobre o que quer manifestar, para não acabar desapontada.

Mercúrio em Aquário

Quando Mercúrio está em Aquário, você assume o seu eu mais original e inventivo. Você se cansa facilmente da maneira "tradicional" de fazer as coisas e se sente inspirada a fazer suas próprias regras e rituais. É o momento ideal para lançar feitiços tecnológicos e remodelar seu coven, de acordo com seus pensamentos mais progressistas. Contudo, lembre-se de pensar na comunidade quando atualizar suas práticas mágicas.

Mercúrio em Peixes

Sua imaginação e intuição estão a todo vapor quando Mercúrio está em Peixes. Você está em total sintonia com o mundo ao seu redor, sentindo cada emoção profundamente. Este é o momento de criar feitiços imaginativos, visualizando o que quer, ou simplesmente tentando pôr em pratica os seus devaneios. Siga os seus instintos enquanto se concentra mais em assuntos espirituais do que práticos.

Mercúrio Retrógrado

Mercúrio fica retrógrado de três a quatro vezes por ano e por cerca de três semanas. Esse normalmente é o planeta retrógrado que mais afeta a nossa vida diária. Quando Mercúrio está retrógrado, nossa comunicação, tecnologia, viagens e lógica são interrompidas, por isso enfrentamos problemas como atrasos, falta de comunicação, desinformação e mal-entendidos. Projetos se interrompem, separações ocorrem e compromissos são desmarcados.

Desnecessário dizer que este não é o momento ideal para nenhum tipo de feitiço. Você deve realizar feitiços de proteção antes do período retrógrado e se concentrar em ser adaptável e aberta a mudanças durante esse período. Eis a seguir o que Mercúrio retrógrado significa para cada signo.

MERCÚRIO RETRÓGRADO NOS SIGNOS DE AR

Gêmeos, Libra, Aquário: Este planeta retrógrado vai afetar sua lógica mais do que qualquer outro aspecto. Seu pensamento não estará tão claro quanto você gostaria e você sentirá uma tendência para ficar desinformada e alheia a informações importantes. Será fácil acreditar em boatos e tomar falatórios como fatos. Não tome nenhuma decisão importante agora e procure consultar todos os seus apontamentos (especialmente se tiver um grimório digital).

MERCÚRIO RETRÓGRADO NOS SIGNOS DE TERRA

Touro, Virgem, Capricórnio: Este planeta retrógrado pode abalar as suas raízes cuidadosamente plantadas e mexer com sua estabilidade e conforto. Este não é o momento ideal para viajar, pois você vai precisar se sentir "ancorada" num só lugar. Mercúrio retrógrado também pode afetar sua ética no trabalho e nas finanças, e o seu conforto. No entanto, ele é um estímulo para você voltar ao básico.

MERCÚRIO RETRÓGRADO NOS SIGNOS DE FOGO

Áries, Leão, Sagitário: Este planeta retrógrado pode literalmente "explodir na sua cara" se você não for cuidadosa. Os ânimos se inflamam facilmente e você pode acabar ofendendo alguém sem ter essa intenção. As paixões correm soltas e as pontes podem facilmente virar cinzas. Pode ser difícil manter controle do seu temperamento com tudo dando errado, mas não compre brigas sem ter todas as informações primeiro.

MERCÚRIO RETRÓGRADO NOS SIGNOS DE ÁGUA

Câncer, Escorpião, Peixes: Seus sentimentos ficam extremamente sensíveis quando Mercúrio fica retrógrado nos signos de Água. Tudo é sentido com mais intensidade e você pode se magoar com facilidade pelo menor deslize - real ou imaginário. Fica mais difícil decifrar as emoções e tudo parece mais confuso. Fique em casa o máximo que puder.

FEITIÇO PARA MERCÚRIO

Todos nós podemos tirar proveito do dom da palavra numa ocasião ou outra. Expressar seus desejos pode ajudá-la a manifestá-los e falar sobre um problema difícil pode ajudá-la a encontrar uma solução. Experimente este feitiço se tiver um problema em que Mercúrio possa ajudá-la (ter uma conversa difícil, resolver um problema, tentar estudar etc.). Para melhores resultados, faça-o numa quarta-feira, pois esse dia da semana é regido por Mercúrio.

MATERIAIS

- Chá de lavanda ou café com sabor de lavanda
- Caneca (de preferência amarela)
- Colher de chá
- Agulha de costura
- Vela amarela
- Isqueiro
- Um cristal associado a Mercúrio (ou associado com o signo em que Mercúrio está)

Opcional:
- Caneta e papel
- Apagador de velas

1. Faça seu café ou chá normalmente. Mexa três vezes no sentido horário, dizendo: "Com esta bebida, eu abro as linhas de comunicação, deixando as palavras fluírem".

2. Sente-se diante do seu altar ou de uma mesa. Com a agulha, entalhe o símbolo de Mercúrio na vela.

3. Acenda a vela e diga: "Querido Mercúrio, convido você hoje para tomar chá e conversar. Deixe-me falar sobre meus problemas para que você possa me sugerir uma forma de resolvê-los. Que assim seja".

4. Comece a falar! Fale sobre o que você está tentando manifestar, os feitiços que está tentando lançar ou os problemas que tem enfrentado. Se falar em voz alta faz você se sentir um pouco tola, escreva tudo no papel. Apenas coloque tudo para fora enquanto segura na mão o cristal.

5. Quando terminar de beber, diga "obrigada" e apague a vela. Faça isso regularmente até obter os resultados que deseja.

Vênus

Embora você provavelmente saiba que Vênus é a deusa romana do amor e da beleza, Vênus é mais do que apenas o planeta do amor. Ele também rege nossas finanças, nossos bens materiais, o que nos atrai, o que nos dá prazer, o que valorizamos e os nossos relacionamentos. Quando Vênus passa por um signo, tendemos a assumir a estética desse signo, incluindo as cores e materiais que lhe estão associados. Também agimos como esse signo age nos relacionamentos e como esse signo gasta dinheiro. Vênus em Áries pode ter casos de amor apaixonados, enquanto Vênus em Aquário pode tornar as coisas um pouco frias. Enquanto Vênus em Virgem nos estimula a ser econômicos, Vênus em Sagitário sugere que gastemos todo o nosso dinheiro em passagens aéreas. Estamos simplesmente seguindo as vibrações.

CRISTAIS ASSOCIADOS A VÊNUS: Esmeralda, aventurina verde, rodonita, quartzo rosa

ERVAS ASSOCIADAS A VÊNUS: Bergamota, hibisco, artemísia, rosa

As bruxas costumam invocar a energia de Vênus ao lançar um feitiço de amor, por isso saber onde Vênus está pode ajudá-la a escolher se quer ter um caso de amor ardente ou um romance que avance mais devagar, mas possa levar a uma parceria duradoura.

Vênus também é ótimo para feitiços de dinheiro e prosperidade, e também para encontrar inspiração ao decorar seu altar ou realizar magia de *glamour*.

Vênus através dos signos

Vênus passa por um signo a cada quatro semanas e fica retrógrado uma vez a cada dezoito meses, durante cerca de seis semanas.

Vênus em Áries

Quando Vênus está em Áries, você se sente muito mais amorosa, às vezes se apaixonando por pessoas que acabou de conhecer. Esta posição de Vênus tem um ar de "amor à primeira vista", pois a inspira a ir atrás da pessoa por quem tem uma queda, com desejo e ousadia. Este é o momento ideal para lançar feitiços de amor (com ética) e manifestar desejos. Todavia, os casos de amor e o desejo podem se extinguir tão rapidamente quanto começaram, então não invista muito neles.

Vênus em Touro

Vênus está em seu domicílio quando entra em Touro; portanto, você se sente segura, enquanto busca coisas e pessoas mais estáveis. Você tem um forte apetite por prazer, entregando-se às coisas mais refinadas da vida. Este é o momento ideal para lançar feitiços e rituais de abundância que requeiram todos os seus sentidos. O amor é expresso de forma física, mas fique atento para não demonstrar ciúmes.

Vênus em Gêmeos

Quando Vênus está em Gêmeos, você não "morre de paixão", apenas flerta e faz brincadeiras espirituosas. Todas as pessoas são pretendentes em potencial agora, mas não planeje um futuro com nenhuma delas. Este é um momento para fazer viagens de carro, para enviar feitiços através de textos e para se divertir. No entanto, os corações podem se mostrar inconstantes, por isso não lance grandes feitiços nem faça grandes compras.

Vênus em Câncer

Seu coração é terno e suave quando Vênus está em Câncer, embora esse signo se proteja com uma carapaça dura para não ter o coração partido. Você se dedica mais aos seus entes queridos e ao seu ofício, ao mesmo tempo em que a magia pode ser usada como uma forma de autocuidado e de cultivo do amor-próprio. Porém, não fique muito nostálgica, pensando em casos do passado, e bloqueie seu ex agora (e me agradeça depois).

Vênus em Leão

Seu coração (e sua carteira) ficam bem abertos quando Vênus está em Leão, porque você está mais generoso com seu tempo, amor, dinheiro e magia. Este é um momento de casos de amor tórridos e compras extravagantes de roupas e cristais. Contudo, pode ser difícil pedir ou manifestar dinheiro, pois você estará orgulhosa demais para aceitá-lo. Ainda assim, é o momento ideal para abrir o coração.

Vênus em Virgem

Quando Vênus está em Virgem, o amor não é algo que você sinta, mas algo que você faz. Você está mais disposta a deixar tudo de lado para ajudar quem precisa, sem pedir nada em troca. Você gasta seu dinheiro em necessidades práticas e lança feitiço para melhorar sua vida, especialmente sua saúde. No entanto, você pode ser excessivamente exigente e crítica agora, o que pode prejudicar os romances.

Vênus em Libra

Sendo Libra um dos signos que este planeta rege, Vênus se sente feliz nesta posição e pode compartilhar alegremente seu amor com outras pessoas. Esta é a hora de iniciar relacionamentos, lançar feitiços de *glamour* e de amor com ética, e tornar o seu espaço mais bonito. No entanto, apesar dessa vibração romântica, esta não é uma época de paixões fáceis, principalmente se você procura o que "parece" bom e não o que "sente" ser bom.

Vênus em Escorpião

Vênus em Escorpião é um período de apostas altas, em que a energia é do tipo "tudo ou nada". Você sente tudo com mais intensidade. Os relacionamentos se desenvolvem e podem ficar sérios muito rapidamente, enquanto você absorve essa energia apaixonada. Este não é o melhor momento para fazer um feitiço de amarração, mas é um ótimo período para as finanças, especialmente para a manifestação de dinheiro. Todavia, tente não ir a extremos com nada, senão você vai se arrepender depois.

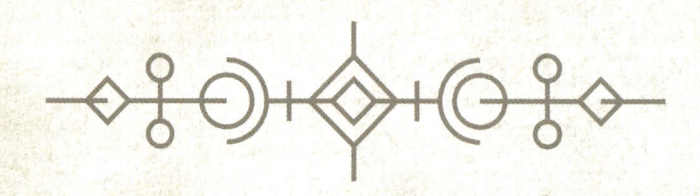

Vênus em Sagitário

Seu coração está aberto e é sincero quando Vênus está em Sagitário. Você não está mais amarrada a uma pessoa ou lugar, mas livre para vagar onde quer que o universo a leve. Este é um excelente momento para viajar, pois você vai gastar a maior parte do seu dinheiro realizando seu desejo de conhecer novos lugares. Fale a verdade do seu coração sempre que for lançar um feitiço.

Vênus em Capricórnio

Este é um período ideal para as finanças, pois você trabalha para ganhar e economiza para ter a vida que sempre quis. É um momento ideal para feitiços de prosperidade ou para confeccionar amuletos de proteção para levar na carteira. Do ponto de vista romântico, você está mais interessada em formar uma parceria poderosa do que em qualquer outra coisa. É um bom momento para lançar feitiços de fidelidade no seu parceiro e para que seu relacionamento seja bem-sucedido – o que quer que isso signifique para você.

Vênus em Aquário

Quando Vênus está em Aquário, muitos amigos se tornam amantes, pois a linha entre amizade e romance está prestes a ficar mais indistinta. Você fica mais interessada em experimentar diferentes tipos de relacionamentos – só se comprometendo se às coisas estiverem de acordo com seus termos. Esta é a época ideal para fazer *networking*, para formar covens e para encontrar uma comunidade mágica que a faça se sentir aceita.

Vênus em Peixes

O amor é bondoso e magnânimo quando Vênus está em Peixes. Você sente compaixão e carinho por todos em sua vida, o que faz que esse seja um período em que você se sente sensível e vulnerável. Você sente um desejo profundo por algo que não pode definir e pode usar a magia dos sonhos e métodos de adivinhação para encontrar respostas. No entanto, pode ser fácil se perder em ilusões, por isso é melhor nem pensar em feitiços de amor.

Vênus Retrógrado

Embora Mercúrio tenha a reputação de ser o planeta retrógrado mais assustador, Vênus é o retrógrado mais poderoso. Isso porque ele afeta nosso coração e nossa carteira, algo que pode ser mais difícil de curar do que algumas palavras mal colocadas.

Quando Vênus está retrógrado, você é forçada a reavaliar todos os compromissos que assumiu. Quais investimentos (financeiros, emocionais e mágicos) estão valendo a pena e quais não estão? Embora este seja um período muito difícil, ele elimina qualquer bagagem que você tenha ignorado e a força a resolver os problemas subjacentes, para seguir em frente. No entanto, este não é um ótimo momento para feitiços de amor, dinheiro ou *glamour*. Eis a seguir o que Vênus retrógrado significa para cada um dos signos.

VÊNUS RETRÓGRADA NOS SIGNOS DE AR

Gêmeos, Libra, Aquário: Quando Vênus está retrógrado num signo de Ar, é mais difícil acessar suas emoções, assim como se apegar a alguém. Você pode ignorar sinais de alerta de que o relacionamento não vai bem ou que as contas já estão se acumulando. Precisará ter algumas conversas difíceis, mas a sua situação pode ficar ainda mais difícil se você não estiver agindo com lógica.

VÊNUS RETRÓGRADO NOS SIGNOS DE TERRA

Touro, Virgem, Capricórnio: As finanças serão as mais atingidas à medida que suas fontes de renda forem afetadas. Relacionamentos que você pensou que eram sólidos começam a se desfazer e você terá que se empenhar mais do que nunca para encontrar uma solução e fazê-la funcionar - ou partir para outra.

VÊNUS RETRÓGRADA NOS SIGNOS DE FOGO

Áries, Leão, Sagitário: Este é um período muito intenso, em que você oscila de uma paixão tórrida para uma frieza súbita. Os relacionamentos podem implodir facilmente e você pode torrar todas as suas economias com facilidade. Pode ser difícil pisar no freio quando tudo o que você quer fazer é se atirar de cabeça - mesmo que isso a machuque.

VÊNUS RETRÓGRADA NOS SIGNOS DE ÁGUA

Câncer, Escorpião, Peixes: Você está presa num redemoinho de emoções, pois tudo é sentido com muito mais profundidade quando se trata de signos de Água. O seu humor rege a sua vida e você pode facilmente entrar em relacionamentos tóxicos, romper outros de longa duração e torrar dinheiro para acalmar sua ansiedade. Este planeta retrógrado é como um furacão; você só vai ter que aguentar firme.

FEITIÇO PARA VÊNUS

Regente do amor, da beleza e das posses materiais, Vênus ama as coisas boas da vida. Para reverenciar tanto o planeta quanto a Deusa, use este feitiço para encantar um amuleto e assim poder levar com você os poderes de Vênus para aonde quer que vá. Para obter melhores resultados, faça-o numa sexta-feira, pois esse dia é regido por Vênus.

MATERIAIS

- Colar com pingente (de preferência um pingente de quartzo rosa ou em forma de coração. Caso não tenha, use algo que a atraia)
- Perfume (ou um borrifador com água perfumada de bergamota, hibisco ou rosas)

1 Energize e limpe o espaço onde você vai trabalhar e também o colar.

2 Com o pingente nas mãos, dê uma boa olhada nele. Qual é a sua intenção? Você quer usar o poder de Vênus para aumentar seu amor-próprio? Para atrair um novo amor? Para atrair dinheiro? Ou você apenas quer manter Vênus perto de você? Aqui não há respostas erradas; seja sincera com relação ao que você quer.

3 Quando estiver pronta, pegue o perfume ou borrifador e diga: "Querida e adorável Vênus. Eu a invoco para que seus poderes encantadores possam fluir para o meu amuleto. Que eu possa ter um símbolo do amor para poder alcançar meu bem maior". Repita isso três vezes.

4 Quando terminar, use esse colar até Vênus transitar para o signo seguinte.

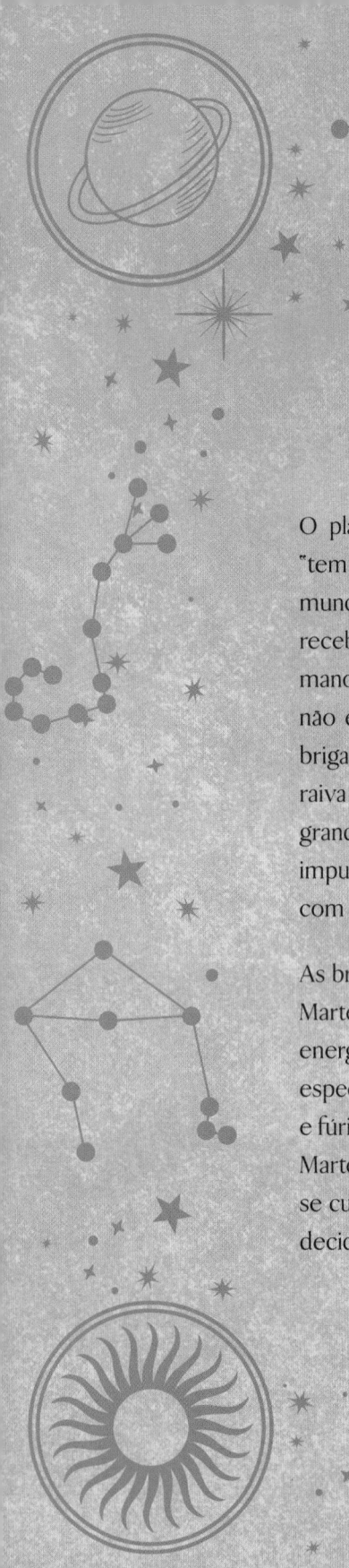

MARTE

O planeta vermelho é o que "tem o soco mais forte" no mundo astrológico, por isso recebeu o nome do deus romano da guerra. Marte, porém, não é apenas sobre gostar de brigar e desencadear nossa raiva (embora essa seja uma grande parte). Marte é onde estão nossas paixões e nossos impulsos. Ele também mostra o que nos motiva e está relacionado com os nossos desejos, especialmente os físicos e sexuais.

> **CRISTAIS ASSOCIADOS A MARTE:** Heliotrópio, hematita, rubi, safira
>
> **ERVAS ASSOCIADAS A MARTE:** Manjericão, pimenta-do-reino, cominho, urtiga

As bruxas podem se beneficiar muito da energia e do poder de Marte se os aproveitarem em seus feitiços e rituais, porque a energia desse planeta é intensa e apaixonada. No entanto, ela é especialmente útil quando se trabalha com sentimentos de raiva e fúria. Você pode se sentir mais poderoso quando trabalha com Marte, lembrando a si mesma (e a todos) que uma bruxa não se curva a ninguém. O signo em que Marte está pode ajudá-la a decidir como tomar posse do seu poder pessoal e de que maneira.

Marte através dos Signos

Marte leva cerca de seis semanas para transitar por um único signo do zodíaco e passa por um período retrógrado uma vez a cada 26 meses, onde se mantém por oitenta dias.

Marte em Áries

Marte está no seu domicílio quando entra em Áries, por isso sua paixão, energia e impulso naturais ganham um grande ímpeto e você sente que pode enfrentar tudo e qualquer coisa que cruzar o seu caminho. Sua magia é mais forte dentro de você e borbulha em suas veias. Você se sente corajosa, competitiva e pronta para vencer qualquer coisa, embora possa assumir riscos desnecessários, que podem prejudicá-la. Tenha cuidado com o que você manifesta, especialmente quando estiver com raiva.

Marte em Gêmeos

Sua energia é mais versátil e adaptável quando Marte está em Gêmeos, pois sua energia pode se dividir entre vários projetos e feitiços diferentes, desde criar um novo feitiço de conscientização até chegar à resposta mais mordaz. No entanto, você não é a bruxa mais focada do zodíaco e pode ser difícil alcançar qualquer tipo de objetivo com energias tão dispersas. O ancoramento e a meditação são necessários para você aproveitar essa abundância de energia.

Marte em Touro

Quando Marte está em Touro, você trabalha num ritmo mais lento, mas isso não significa que não possa avançar. Na realidade, sua resiliência e determinação estão mais fortes do que nunca, pois você faz frente às forças que tentam detê-la. Você fica na defensiva durante este período, enquanto avança pacientemente na direção dos seus objetivos (embora possa ser um pouco teimosa com relação a certas coisas).

Marte em Câncer

Quando Marte está em Câncer, você é muito protetora com relação às pessoas que ama e está disposta a defender a sua casa a todo custo. Sua energia e paixão são profundas, e você lida com mudanças de humor e emoções fortes. Encontrar paz na natureza (especialmente na água) pode ajudar a ancorá-la enquanto você cuida das sua energia e paixões. Por outro lado, suas visualizações podem se manifestar facilmente.

Marte em Leão

Este é um período de grandes emoções, quando Marte está intenso e brilhante. Tudo o que você faz é espalhafatoso e cheio de paixão e autoconfiança. Seu ego pode aumentar à medida que você sente que tudo que faz é extremamente importante. Seu impulso fazer as coisas é forte, mas tenha cuidado com os feitiços que lança; eles podem facilmente "explodir no seu rosto".

Marte em Virgem

Marte está trabalhando duro quando está em Virgem, e você também. Sua energia, impulso e paixão estão focados no que você pode conseguir, passando um pente fino em tudo. Você sente satisfação sempre que faz algo bem feito, desde um ritual intensivo até um feitiço. Marte em Virgem pergunta: "Você prefere rapidez ou qualidade?".

Marte em Libra

Marte em Libra é um período para estabelecer contatos envolvendo a justiça. Seja realizando feitiços de amarração ou tentando resolver conflitos, sua advogada interior vem à tona para trazer paz e formar parcerias. Este é um momento de debates animados, mas também há uma atmosfera pesada de agressividade passiva, que pode cortar como uma faca. Manter a paz pode ser difícil, mas gratificante em longo prazo.

Marte em Escorpião

Marte se sente em casa em Escorpião e dá a todos nós um impulso extra de energia, paixão e ímpeto. No entanto, ao contrário de Marte em Áries, você não mergulha de cabeça nas coisas. Em vez disso, não tem pressa de agir e deixa a raiva fumegando dentro de você até que seja o momento perfeito para atacar com precisão mortal. Este é um ótimo período para lançar feitiços, pois você está perseverante e determinada.

Marte em Sagitário

Marte em Sagitário é um período de grandes espaços abertos, em que você precisa explorar a natureza para se sentir em paz. A liberdade é sua prioridade e qualquer coisa que a restrinja a deixa furiosa. Existe uma inquietação em seu coração e, à medida que busca liberdade, você pode se ver obrigada a cortar todos os laços que prendem o seu eu interior aventureiro.

Marte em Capricórnio

Os impulsos e paixões adquirem um tom mais sério quando Marte está em Capricórnio. Use a sua magia com propósito, sem desperdiçar um segundo em rixas mesquinhas ou prazeres imediatos. Considere todos os resultados possíveis antes de agir e pense no futuro em tudo o que você faz. Sua raiva a impulsiona a buscar a vitória, um passo de cada vez. No entanto, a energia é um pouco fria e calculista.

Marte em Aquário

Marte em Aquário pode ser um período de acerto ou erro, pois você tem muitas ideias inovadoras e incríveis, mas que podem não funcionar com seus níveis de energia oscilantes. Você enfrenta menos emoções intensas e está mais orientada para interesses intelectuais que realmente acendem a centelha da sua paixão interior. Não tenha medo de tentar algo novo em seus rituais e feitiços.

Marte em Peixes

Quando Marte está em Peixes, você se volta para missões espirituais enquanto tenta entender a fonte que impulsiona as suas emoções mais intensas. Você precisa meditar, ancorar-se e até mesmo realizar o sonho mágico de tocar no núcleo da sua espiritualidade. Você é movida por seus ideais, que podem ser facilmente esmagados pelo mundo cruel, criando níveis de energia irregulares e até desesperança.

Marte Retrógrado

Marte entra no período retrógrado uma vez a cada 26 meses e pode ser um problema, pois dura cerca de oitenta dias. Marte retrógrado é um período difícil porque este é o planeta da ação. Marte se movendo para trás pode criar frustração, desapontamento e muita raiva. Ele também mudar drasticamente sua motivação, deixando-a sem direção e até mesmo um pouco preguiçosa, levando-a a adiar todos os seus planos e projetos. Este não é um bom momento para quaisquer feitiços que exijam paixão e motivação. Também é uma boa ideia ficar longe de qualquer atividade envolvendo objetos pontiagudos: cortes de cabelo, tatuagens, costura manual, uso do athame durante rituais. Marte é o planeta da guerra, então evite qualquer coisa que possa se transformar numa arma.

MARTE RETRÓGRADO NOS SIGNOS DE AR

Gêmeos, Libra, Aquário: Suas energias intelectuais estão dispersas, por isso fica difícil focar em alguma coisa. Pode ser penoso ir à escola ou estudar em casa, pois você perderá sua motivação e paixão pelo aprendizado. Os relacionamentos tornam-se frios e distantes, e você tem dificuldade para se conectar com as pessoas próximas a você.

MARTE RETRÓGRADO NOS SIGNOS DE TERRA

Touro, Virgem, Capricórnio: Suas maiores bases vão balançar, pois as coisas que você pensou que eram constantes e estáveis de repente vão desmoronar quase sem aviso. Sua ética de trabalho é colocada à prova, pois é difícil atingir qualquer meta quando você se sente extenuada. Encontre conforto na natureza.

MARTE RETRÓGRADO NOS SIGNOS DE FOGO

Áries, Leão, Sagitário: Este é o pior elemento para Marte retrógrado, porque nosso temperamento coletivo está no seu momento mais crítico. Trata-se de um período de profunda raiva sem nenhuma maneira de canalizá-la de maneiras produtivas. Você fica com raiva por sentir raiva e pode facilmente complicar a sua vida só para ter o para fazer. Tente ser gentil consigo mesma para que possa se curar.

MARTE RETRÓGRADO NOS SIGNOS DE ÁGUA

Câncer, Escorpião, Peixes: Problemas que você pensou que tinham sido resolvidos de repente voltam a incomodar, intensos e deixando sua sensibilidade à flor da pele. É tempo de lágrimas e de vinganças, embora elas possam não ser bem-sucedidas, pois você estará sobrecarregada de emoções. A única coisa que pode fazer é acalmar suas emoções e esperar que este período passe.

FEITIÇO PARA MARTE

O planeta guerreiro pode lhe dar a energia, o impulso e a paixão de que precisa para chegar onde quer. Se precisar de um empurrãozinho, experimente fazer este feitiço para ter a energia de Marte correndo nas veias. Mas saiba que ele vai exigir um pouco de esforço também. Para obter melhores resultados, lance este feitiço numa terça-feira, dia regido por Marte.

MATERIAIS

- Um lugar com espaço para você se movimentar
- Roupas vermelhas confortáveis

Opcional:
- Música (especialmente ritmos para se exercitar)

1. Limpe e energize o seu espaço e vista a roupa vermelha.

2. Fique no centro do seu espaço com os pés plantados no chão. Faça algumas respirações profundas e visualize Marte e tudo que esse planeta representa. Então diga: "Querido Marte, por favor me conceda energia e força para enfrentar os meus obstáculos como a guerreira que sou".

3. Mexa-se! Seja praticando yoga, musculação, cardio, *kickboxing* ou apenas dançando, coloque uma música e apenas mexa seu corpo no ritmo. Enquanto está em movimento, pense naquela energia fluindo através do universo, sendo carregado pelo poder de Marte. Visualize-se superando os desafios que está enfrentando enquanto se move.

4. Movimente-se apenas para se sentir energizada, não para ficar exausta ou ofegante. Feche seu círculo e use essa energia e vibração para lançar o feitiço em que você deseja usar a magia de Marte.

Júpiter

Por ser o maior planeta do nosso sistema solar, Júpiter exerce um poderoso efeito sobre nós, pois é o planeta da abundância, da sorte, do sucesso, da expansão, do crescimento e da fé. Se você está procurando realizar um feitiço para atrair sorte, mobilize a energia de Júpiter. Procurando um pouco de positividade após um período sombrio? Júpiter é o que você precisa. Quer realizar um feitiço para fazer justiça? Invoque Júpiter, ele está pronto para dar uma mãozinha em todas essas coisas.

> **CRISTAIS ASSOCIADOS A JÚPITER:** Ametista, lápis-lazúli, lepidolita, safira amarela
>
> **ERVAS ASSOCIADAS A JÚPITER:** Cravo, dente-de-leão, noz-moscada, sálvia comum

Júpiter leva doze anos para percorrer a roda do zodíaco, passando cerca de um ano em cada signo. Júpiter desacelera no seu período retrógrado anual, onde passa cerca de quatro meses por ano. Embora o signo do zodíaco em que Júpiter se encontra seja importante, pois define o tom do seu ano, muitas vezes isso não afeta diretamente o seu ofício, assim como fazem alguns dos planetas mais rápidos.

FEITIÇO PARA JÚPITER

Todos nós precisamos de um pouco de sorte e prosperidade na vida. No entanto, assim como é você que tem que atrair a sua própria sorte neste mundo, também é você que tem que fazer o seu próprio óleo para atrair sorte. Aqui está um óleo de unção que usa a energia de Júpiter para trazer a prosperidade de que você precisa. Para melhores resultados, prepare o óleo da prosperidade numa quinta-feira, pois esse dia é regido por Júpiter.

MATERIAIS

- Frasco pequeno com tampa (de preferência um vidro âmbar)
- Azeite
- Cravo desidratado, noz-moscada, sálvia, raiz de dente-de-leão ou ervas associadas com o signo em que Júpiter está no momento

Opcional:
- Óleo essencial de hortelã-pimenta

1 Encha ¾ do frasco com azeite.

2 Coloque as ervas e o óleo essencial, se estiver usando, no frasco e tampe.

3 Segure o frasco nas mãos e diga: "Querido Júpiter, conceda-me sua sabedoria e otimismo para me ajudar a ter sorte na vida. Ajude-me a ver minha visão de sucesso ganhar vida. Que eu prospere em tudo o que eu fizer. Que assim seja".

4 Agite o frasco e deixe-o em seu altar para energizar. Use este óleo da prosperidade para borrifar em moedas e notas de dinheiro, velas, seu altar, cristais, os papéis em que você escrever seus feitiços ou qualquer coisa que precise de um impulso extra. No entanto, certifique-se de nunca deixar o frasco vazio. Continue a enchê-lo com ervas e óleo quando necessário.

Saturno

Não deixe os anéis hipnotizantes de Saturno enganarem você; este planeta é o mais duro capataz do sistema solar. Na Astrologia, Saturno representa estrutura, disciplina e restrições. Este é o planeta das fronteiras, que nos mostra quais são nossos limites. Saturno está aqui para nos ensinar uma lição que nem sempre estamos dispostas a aprender. Por causa disso, ele tem que ser um pouco criativo. Sabe que a experiência é o melhor professor, por isso nos traz experiências difíceis como uma ferramenta de ensino, enquanto nos mostra os obstáculos que precisamos enfrentar nesta vida e como superá-los.

CRISTAIS ASSOCIADOS A SATURNO: Obsidiana negra, ônix, shungita, quartzo enfumaçado

ERVAS ASSOCIADAS A SATURNO: Confrei, alho, erva-de-são-joão, valeriana

Saturno também é o planeta dos retornos kármicos e essa é, em parte, a razão por que as bruxas gostam de usá-lo em seus feitiços e rituais kármicos e em outros feitiços para obter justiça. Porém, tenha muito cuidado ao usar esse planeta, pois ele representa tanto o karma bom quanto o karma ruim. É mais recomendável que as bruxas usem Saturno como um professor, que mostra os limites da sua magia e trabalha dentro deles.

Saturno leva de 28 a 30 anos para percorrer o zodíaco, permanecendo num único signo por cerca de três anos. Ele também entra num retrocesso anual por cerca de quatro meses. Por ser um planeta lento, não concentramos nossa magia no signo em que Saturno está, mas sim nas vibrações que sentimos do planeta em geral.

FEITIÇO PARA SATURNO

Muitas distrações nos impedem de fazer as coisas que precisamos fazer. Deixamos as pessoas invadirem nosso espaço pessoal, nos afastamos dos estudos e deixamos nossa magia se dissipar ao nosso redor. Felizmente, os anéis de Saturno podem dar a você a disciplina e a estrutura de que precisa para estabelecer limites e se concentrar. Para melhores resultados, execute este feitiço num sábado, pois esse dia é regido por Saturno.

1 Energize e limpe seu espaço. Coloque a corda no chão, formando um círculo.

2 Entre dentro do círculo e sente-se. Faça algumas respirações para se ancorar. Acenda a vela e segure o cristal, se você o estiver usando.

3 Quando estiver pronta, diga: "Querido Saturno, eu o invoco para me dar força para honrar meus limites. Ajude-me a formar estruturas que me ajudem a me manter focada e tenha disciplina no que eu preciso fazer. Estou segura aqui. Que assim seja".

4 Comece a trabalhar na tarefa que você tem à mão. Este é também um bom momento para ter conversas importantes por telefone, mensagem de texto ou e-mail, dizendo às pessoas quais são seus limites pessoais.

5 Quando terminar, feche o círculo e continue seu dia.

MATERIAL

- Um lugar silencioso
- Um pedaço de corda ou barbante (longo o suficiente para formar um círculo dentro do qual você possa se sentar)
- Algo em que você esteja trabalhando

Opcional:
- Vela preta (cor associada a Saturno)
- Isqueiro
- Obsidiana negra (para proteção e foco)

5
As Casas Astrológicas

Você já leu seu horóscopo e se perguntou: "Como eles podem fazer esse tipo de previsão? Será que estão inventando tudo isso"?. É um equívoco muito comum pensar que os astrólogos e os autores dos livros de Astrologia não fundamentam suas informações em dados científicos. Na verdade, isso está muito longe da verdade, pois os astrólogos e escritores de Astrologia estudam o céu e usam dados astronômicos sobre os corpos celestes para fazer previsões. O estudo da Astrologia pode beneficiar muito as bruxas na hora de planejarem seus feitiços, buscar maneiras de fortalecer sua magia ou prever o seu futuro. Mas é importante ir além dos signos do zodíaco e conhecer as casas astrológicas, que também influenciam sua vida e sua magia.

Conforme observei na primeira parte deste livro, o zodíaco é dividido em doze seções, cada uma associada a um signo do zodíaco. Esses segmentos são chamados "casas" e cada uma delas tem um signo astrológico que a rege, começando com Áries regendo a casa 1, Touro regendo a casa 2 e assim por diante, com Peixes regendo a casa 12. Cada uma dessas casas tem um conjunto de características e desafios que estão associados ao signo.

Cada casa também está associada a um aspecto diferente da vida. As seis primeiras casas são as "casas pessoais", pois tratam das nossas questões interiores: corpo e aparência, finanças, comunicação pessoal, raízes familiares, autoexpressão e rotinas. As últimas seis casas são as "casas impessoais", pois lidam com questões relacionadas a assuntos não tão pessoais: parcerias, mudanças, viagens, ambições profissionais, conexões sociais e a mente subconsciente. Todos eles juntos compõem a jornada de uma vida inteira.

Como você deve ter notado ao examinar o seu mapa astral, esse gráfico também é uma roda. Ele é conhecido como horóscopo e é dividido em doze seções, assim como o mostrador de um relógio. Começando pelo seu signo ascendente, que entra em sua primeira casa às 9h da manhã e mova-se no sentido anti-horário, seguindo a ordem dos signos, de Áries a Peixes. Por exemplo, se você tem Ascendente em Virgem, sua casa 1 seria regida por Virgem, sua casa 2 seria regida por Libra etc. Cada uma dessas casas assume as características do signo que rege e destaca as áreas da sua vida nas quais você se concentrará ao longo da vida, além de mostrar quais são os seus talentos e os obstáculos que precisará superar, especialmente se tiver vários planetas natais numa determinada casa.

Horóscopos do tipo que você encontra na internet ou em revistas e jornais são escritos com base no signo ascendente e nos planetas que estão transitando em cada signo e no modo como isso afeta a sua vida. Por exemplo, digamos que Mercúrio, o planeta da comunicação, tenha acabado de entrar em Leão. Se você tem Ascendente em Aquário, Leão estará na sua casa 7, a casa da parceria. Um astrólogo que escreve horóscopos pode dizer que nas próximas semanas você tende a fazer algumas negociações contratuais, estabelecer algumas parcerias e até entrar em algumas disputas enquanto tenta chegar a alguns acordos.

Portanto, sim, provavelmente você interpretou seu horóscopo de maneira errada durante toda a sua vida... e é por isso que ele, às vezes, não parece fazer sentido.

Cúspide das casas

As cúspides das casas são as linhas divisórias entre as casas que mostram que signo rege cada casa. A localização das cúspides depende do sistema de casas que você está usando. A maioria dos horóscopos de previsão são escritos com base no sistema de signos inteiros, que não leva em consideração os graus dos planetas no cálculo do mapa astral.

No entanto, nem todos os mapas natais são calculados com base nesse sistema. Um sistema muito usado, chamado sistema de casas Placidus, calcula o mapa com base no grau em que seu signo ascendente estava no momento em que você nasceu. Cada signo do zodíaco tem trinta graus, pois os planetas se movem em graus de um signo para outro (doze signos vezes trinta graus é igual a 360 graus, que corresponde ao círculo completo). Isso torna seu mapa um pouco mais confuso. Se você fez seu mapa natal com um aplicativo ou site que usa o sistema Placidus, deve ter notado algumas coisas incomuns: o mesmo signo regendo duas casas diferentes, a ausência de um signo ou um planeta numa casa diferente da que você pensava. Mas é assim que o Placidus é calculado. Fique tranquila, todos os doze signos do zodíaco são representados em seu gráfico; pode ser simplesmente que eles não sejam o regente da casa.

Neste capítulo, usaremos as casas dos signos inteiros para determinar os regentes das cúspides, pois ele é mais simples para bruxas iniciantes em Astrologia. No entanto, se você estiver interessada no sistema Placidus, sinta-se à vontade para usá-lo, pois nenhum sistema é melhor do que os outros.

As casas e a Bruxaria

O que as casas astrológicas têm a ver com a Bruxaria? Bem, sabendo onde os planetas estão no seu mapa natal, você pode descobrir como usar melhor o poder de casa e aproveitar sua energia mágica. Esse conhecimento também pode ajudá-la a conhecer melhor a si mesma e destacar os temas únicos da sua vida. Você pode se sentir mais atraída por feitiços de amor porque tem Vênus na sua casa do prazer, por exemplo. Você também pode ser uma líder de coven se Áries reger sua casa referente à comunidade.

Conhecer as casas também ajuda você a descobrir o momento certo para fazer certos feitiços ou tomar certas decisões com base simplesmente na posição dos planetas em suas casas natais. Por exemplo, digamos que você tenha Ascendente em Peixes e o Sol, a Lua e Mercúrio estejam todos atualmente em Aquário. Aquário rege sua casa 12, a casa da mente subconsciente. Portanto, esse pode ser um período de términos, introspecção e autorreflexão. Seria sensato começar a meditar, fazer uma leitura de tarô ou até mesmo encontrar maneiras diferentes de se ancorar durante esse período, visto que você fica mais conectado com sua magia original. Ao longo deste capítulo, aprenderemos mais sobre o que as casas representam, quais feitiços são melhores para lançar na época em que os planetas transitam em determinadas casas e muito mais. Este tópico não se concentrará nas casas natais ou no que cada signo ou planeta natal significa em cada casa; há muitos livros que se aprofundam nesse assunto (consulte a p. 168). Este capítulo lhe dará uma ideia geral do que são casas e como você pode usá-las. No entanto, mantenha seu mapa natal por perto para ver quais signos regem as suas casas e como usar esse conhecimento na sua vida da melhor maneira. Por exemplo, se Leão reger a sua casa da parceria (a casa 7), você pode querer realizar o feitiço de Leão da p. 50 - mas faça-o para encontrar parcerias e o amor.

Casa 1: O Eu

Conhecida como a casa do eu, a casa 1 é a casa regida pelo seu signo ascendente. Esta casa representa sua aparência, a primeira impressão que você passa, seu comportamento exterior, seu corpo e sua visão geral da vida. O período em que os planetas, principalmente o Sol, transitam pela casa 1 é uma época de celebração, quando você honra a si mesma. Este é um tempo de novos começos, de mudar sua aparência e de experimentar situações novas. Aproveite todas as oportunidades agora mesmo, pois esta é a sua hora de brilhar.

> **FEITIÇOS E RITUAIS:** Feitiços de *glamour*, início de novos rituais, feitiços que movimentam o corpo, fazer tatuagens de sigilos, manifestar novas oportunidades, iniciar novos projetos, entoar mantras

Casa 2: Valores

Conhecida como a casa dos valores, a casa 2 rege seus bens materiais. O signo que rege esta casa influencia o modo como você administra seu dinheiro, precifica os produtos que põe à venda, o que está disposta a pagar, como você ganha e gasta o seu dinheiro e a sua própria autoestima. Quando os planetas transitam pela

> **FEITIÇOS E RITUAIS:** Feitiços de abundância e prosperidade, oferecer seus serviços "de bruxa" para ganhar dinheiro, feitiços de amarração, manifestar bens materiais, rituais de amor-próprio, encantamentos para a autoestima

casa 2, o dinheiro se torna uma prioridade. Você gasta seu dinheiro mais rápido do que nunca, mas ele volta para a sua carteira mais rápido também. Esta é uma boa época para avaliar seus recursos pessoais e o que tem de verdadeiro valor na sua vida.

Casa 3: Comunicação

Conhecida como a casa da comunicação, a casa 3 rege o modo como você comunica seus pensamentos. O signo que rege esta casa influencia o jeito como você aprende, processa informações, fala e escreve, além do seu tipo de inteligência e o que você acha interessante. Quando os planetas transitam pela casa 3, você costuma ser mais tagarela do que o normal. Pode aprender novos idiomas com facilidade, faz cursos ou aprende coisas sem dificuldade. É uma boa época para fazer uma viagem curta, comprar um carro ou outro meio de transporte e visitar amigos que você não vê há muito tempo. É também um momento ideal para fazer amizade com os vizinhos ou conversar com seus irmãos.

> **FEITIÇOS E RITUAIS:** Entoe seus feitiços em voz alta ou anote-os por escrito, leia livros sobre Bruxaria, tenha aulas sobre certas áreas da Bruxaria que lhe interessam, participe de reuniões de coven, faça feitiços para fazer viagens seguras, feitiços tecnológicos, feitiços para melhorar nos estudos e comunicação com os espíritos

Casa 4: Vida doméstica

Conhecida como a casa que é o seu verdadeiro lar, a casa 4 representa a sua vida doméstica e a sua vida particular. O signo que rege a casa 4 influencia seu relacionamento com a família, o modo como você era quando criança, suas tradições, sua propriedade e quem você é emocionalmente. Quando os planetas transitam pela casa 4, você começa a pensar no que faz você se sentir segura e protegida. É um período de comprar ou alugar uma casa ou apartamento, conectar-se com seus familiares e suas raízes ancestrais, resolver problemas particulares e fazer um seguro de vida.

> **FEITIÇOS E RITUAIS:** Feitiços de proteção e sigilos para a casa, limpar seu espaço da energia negativa, criar altares domésticos, feitiços de aterramento, criar rituais de autocuidado, curar a criança interior, criar uma base emocional sólida, visitar a família e/ou estabelecer limites

Casa 5: Prazer

Conhecida como a casa do prazer, a casa 5 é onde está toda a diversão. O signo que rege essa casa influencia como você se expressa, tanto criativamente quanto nos relacionamentos românticos, que tipo de *hobby* pratica, como gosta de brincar, seu desejo sexual e o que você aprecia. Quando os planetas entram na casa 5, é tudo uma questão de diversão. Esta é a época de se entregar a novos casos amorosos, reacender antigas paixões, curtir seus *hobbies* e seu tempo de lazer, iniciar projetos criativos ou apenas se divertir.

> **FEITIÇOS E RITUAIS:** Feitiços de amor, magia de *glamour*, rituais românticos, feitiços de fertilidade, formas criativas de expressar a magia (artes, escrita, performances etc.), desenhar sigilos, magia sexual, ir a espetáculos e outros eventos ao vivo, feitiços da sorte, feitiços de criatividade

Casa 6: Saúde

Conhecida como a casa da saúde, a casa 6 rege sua vitalidade e o que você faz para cuidar de si mesma e dos outros. O signo que rege a casa 6 influencia os seus relacionamentos quando se trata de ajudar e curar, sua ética no trabalho, a facilidade (ou dificuldade) com que você mantém hábitos (ou os abandona) e os deveres que você tem para com os outros e consigo mesma. Quando os planetas transitam pela sua casa 6, você é motivada a dar uma boa olhada em sua saúde e a descobrir como pode cuidar melhor de si mesma. Você também pode assumir mais responsabilidades durante esse período, iniciar novas rotinas e desenvolver hábitos; esta casa também pode influenciar o que está acontecendo na sua vida profissional.

> **FEITIÇOS E RITUAIS:** Feitiços para arranjar emprego, feitiços de cura, fitoterapia, magia de cozinha, chás de ervas, novos rituais diários (tirar uma carta diária de tarô, meditação matinal, visualizar à noite etc.), trabalho voluntário, ajudar companheiras bruxas, adotar um familiar (ou apenas um animal de estimação)

Casa 7: Parcerias

Conhecida como a casa da parceria, a casa 7 abrange relacionamentos de todas as formas: namorados, cônjuges, amigos, parceiros criativos, parceiros de negócios, até mesmo seus inimigos. Todos os seus relacionamentos de longo prazo estão concentrados aqui. O signo que rege a casa 7 influencia quem você é quando está num relacionamento. Também influencia as características de quem é seu parceiro "ideal". O período em que os planetas transitam através da casa 7 é de parcerias de longo prazo, desde a assinatura de contratos até votos de casamento. Você está procurando parcerias que possam ajudá-la nesta vida a alcançar a sua melhor versão (possivelmente a sua cara-metade). É também um momento de competição e luta contra os seus oponentes.

> **FEITIÇOS E RITUAIS:** Feitiços de amarração, feitiços de amor ético, feitiços de atração, busca pela chama gêmea (alma gêmea cósmica), assinatura de contratos, cerimônias de casamento, feitiços para obter vitória, trabalho em grupo com outras bruxas

Casa 8: Transformação

Conhecida como a casa da transformação, esta casa abrange todas as questões de tabu: desde sexo até a morte e tudo mais. Dizem também que ela é a casa da Bruxaria, pois é a casa do ocultismo. O signo que rege a casa 8 representa o seu eu bruxo. Ela influencia o tipo de magia pelo qual você é atraída, suas habilidades como bruxa e o modo como sua magia flui em geral. Além da magia, ela também representa os laços que você forma na vida, como você compartilha sua riqueza, sua sexualidade, seus pensamentos sobre a morte e como passa pelas fases da vida. O período em que os planetas transitam na casa 8, costuma ser de grandes mudanças e transformações, esteja você travando um relacionamento mais profundo com outra pessoa, herdando dinheiro ou precisando romper um relacionamento que pensou que duraria para sempre.

> **FEITIÇOS E RITUAIS:** Adivinhação, mediunidade, feitiços de prosperidade, magia sexual, feitiços de banimento, feitiços de amarração, ritual de separação, magia de transformação, celebração de rituais fúnebres, reuniões de coven, rituais de renascimento, rituais vestida de céu (nua)

Casa 9: Espiritualidade

Conhecida como a casa da espiritualidade e da expansão, esta casa representa o seu lado espiritual. O signo que rege a casa 9 influencia aquilo em que você acredita, desde a sua filosofia de vida e suas crenças pessoais até onde você coloca sua fé. Ela também influencia o que você pode estudar na faculdade e os lugares para onde gostaria de viajar. Quando os planetas transitam por esta casa, você tem oportunidade de fazer viagens de longa distância, ir para a faculdade, viver aventuras e descobrir algo novo - seja sobre sua cultura ou sobre o mundo ao seu redor. Este é um período de expansão da mente e do espírito.

> **FEITIÇOS E RITUAIS:** Feitiços de viagem, aprender novos aspectos da magia, meditação, ouvir novas perspectivas de outras bruxas, feitiços envolvendo leis, rituais de justiça, rituais de fortalecimento pela fé, leituras de tarô

Casa 10: Imagem Pública

Conhecida como a casa da imagem pública, a casa 10 rege sua carreira e ambições. O signo que rege esta casa influencia a carreira que você escolheu, a reputação que você tem com o público, os objetivos que se esforça para alcançar, suas ambições e seu poder. Esta casa também mostra as maneiras como você contribui para a sociedade e sua influência pessoal. Quando os planetas transitam pela casa 10, você lida com questões relacionadas à sua carreira, seja conseguir uma promoção, fazer uma mudança de carreira ou procurar um novo emprego. É também um momento para alcançar algumas metas de longo prazo e ser reconhecida pelo trabalho árduo que realizou.

> **FEITIÇOS E RITUAIS:** Feitiço para encontrar trabalho, manifestações, painel visionário, feitiços de prosperidade, mantras, leituras de aura, feitiços de resistência, feitiço de energia e ritual do bolo e da cerveja

Casa 11: Comunidade

Conhecida como a casa da comunidade, a casa 11 rege sua vida social. O signo que rege esta casa influencia quem você é com os amigos e as características dos amigos que você deseja. Esta casa influencia seu coven, as coisas que você quer, suas causas humanitárias e seus sonhos. A época em que os planetas transitam pela casa 11 é um excelente momento para fazer

FEITIÇOS E RITUAIS: Feitiços tecnológicos, trabalho voluntário, manifestações, magia dos sonhos, fazer pedidos, fazer reuniões de coven, feitiços de prosperidade, feitiços e rituais em grupo, feitiços para fazer novos amigos, feitiços para aliviar a ansiedade social, rituais únicos, realizar boas ações

pedidos para o universo, travar novas amizades e visitar seus velhos amigos, e tentar fazer alguma diferença em sua comunidade. Também é uma boa hora de atualizar seus dispositivos eletrônicos.

A Casa 12: O Subconsciente

Conhecida como a casa da mente subconsciente, a casa 12 é onde todos os seus segredos são mantidos, mesmo aqueles que você mesma não conhece. O signo que rege a casa 12 influencia a sua necessidade de privacidade, a maneira como lida com os segredos, seus medos, os sonhos que você tem, seus talentos inci-

FEITIÇOS E RITUAIS: Feitiços de cura, magia dos sonhos, limpeza da aura, rituais para cortar amarras, retornos kármicos, manutenção de um diário, meditação, hipnose, feitiços para revelar a verdade, poções para dormir, adivinhação, prática solitária

pientes e como você se fere e se cura. O período em que os planetas transitam pela sua casa 12 é um momento de términos e o modo como você lida com eles influencia a fase seguinte. Este é também um momento de sacrifícios, pois você precisa abrir mão de algumas coisas para seguir em frente. Essa pode ser a sua cura ou pode ser a sua ruína. Seja qual for o caso, você precisará de um tempo sozinha para desvendar seus mistérios interiores.

Sua Viagem Cósmica

Embora tenhamos chegado ao final do livro, apenas arranhamos a superfície deste assunto tão fascinante e extenso que é a Astrologia. Este guia apresenta a linguagem básica do Cosmos; agora cabe a você usar essa linguagem para entender o que a Astrologia significa na sua vida e na sua jornada mágica – mesmo que seja apenas entender o que é um planeta retrógrado ou que você é mais do que apenas seu signo solar.

Agora é a sua vez de usar o seu conhecimento dos corpos celestes para incrementar o seu ofício, desde a realização de rituais na Lua nova até lançar feitiços ousados e ardentes quando Mercúrio estiver em Leão. Na vida e na magia, *timing* é tudo! E espero que você use a magia da Astrologia para tirar o máximo proveito da sua energia.

Mas, mais do que tudo, espero que você tenha um senso mais forte da conexão que existe entre você, o céu e a fonte infinita de magia que flui entre todas as coisas. Espero que você fique diante de uma Lua cheia e admire seus poderes. Desejo que veja as estrelas no céu noturno e lembre-se de que você também é feita de magia.

Lembre-se, este é apenas o começo.

Leituras e Recursos Complementares

Se você estiver interessada em aprender mais sobre seu mapa astral, sobre Astrologia ou, ainda, mais sobre Bruxaria, confira estes recursos.

PARA CALCULAR SEU MAPA ASTRAL

Astro-Seek
https://horoscopes.astro-seek.com/birth-chart-horoscope-online

Cafe Astrology
https://astro.cafeastrology.com/natal.php

Astro-Charts
https://astro-charts.com/tools/new/birth-chart/

LIVROS E *SITES* SOBRE ASTROLOGIA

Astrological Transits: The Beginner's Guide to Using Planetary Cycles to Plan and Predict Your Day, Week, Year (or Destiny), de April Elliott Kent (Fair Winds Press, 2015).

Moon Signs: Unlock Your Inner Luminary Power, de Narayana Montúfar (Hardie Grant, 2021).

The Only Astrology Book You'll Ever Need, de Joanna Martine Woolfolk (Taylor Trade Publishing, 2012).

The Ultimate Guide to Astrology, de Tanaaz Chubb (Fair Winds Press, 2021).

You Were Born for This: Astrology for Radical Self-Acceptance by Chani Nicholas (HarperOne, 2021) [*O Poder do seu Signo*, publicado pela Editora Pensamento].

https://www.astrology.com/us/home.aspx
https://cafeastrology.com
https://www.horoscope.com

LIVROS E *SITES* SOBRE BRUXARIA

The Ultimate Guide to Witchcraft: A Modern-Day Guide to Making Magick, de Anjou Kiernan (Fair Winds Press, 2020).

Seasons of Wicca: The Essential Guide to Rituals and Rites to Enhance Your Spiritual Journey de Ambrosia Hawthorn (Rockridge Press, 2020).

Spellcrafting: Strengthen the Power of Your Craft by Creating and Casting Your Own Unique Spells, de Arin Murphy-Hiscock (Adams Media, 2020).

The Spell Book for New Witches: Essential Spells to Change Your Life, de Ambrosia Hawthorn (Rockridge Press, 2020).

Wicca: A Modern Practitioner's Guide: Your Guide to Mastering the Craft, de Arin Murphy-Hiscock (Adams Media, 2019).

https://www.learnreligions.com/other-religions-4684832
https://www.llewellyn.com
https://wiccaliving.com